촛불이 어두운 밤을 밝히듯이

그림책이 우리의 삶을 밝혀 주리라 믿으며

———————

마음이 머무는 그림책 한 문장

그림책사랑교사모임

그림책의 매력에 빠져 그림책으로 수업하고 학급을 운영하는 교사들의 모임이다. 그림책으로 수업하며 생각하는 힘을 지닌 학생들을 길러내고, 마음을 열어주고 관계를 꽃피우는 교실을 만들기 위해 노력하고 있다. 그림책 활용 교육으로 더 나은 세상을 만들 수 있다는 믿음을 갖고 오늘도 그림책을 한 장 한 장 넘기며 학생들을 만나고 있다.

네이버 밴드
http://band.us/@picturebooklove

페이스북
http://www.facebook.com/groups/picturebooklove

함께 쓰신 분들

경윤영, 고지연, 권순홍, 권영주, 권현숙, 김나영, 김문옥, 김미정, 김민지1, 김민지2, 김보연, 김선정, 김수자, 김여주, 김영도, 김준호, 김지성, 김진애, 김창덕, 김혜영, 남진희, 민연식, 박경미, 박서정, 박주리, 박효임, 백지원, 성윤미, 손현아, 신석희, 안은지, 양인성, 유애리, 이경미, 이민지, 이방림, 이선경, 이소희, 이은영, 이을순, 이인숙, 이재선, 이지현, 전명선, 전안나, 전은주, 정동숙, 정유화, 조교금, 조미라, 조용근, 조형옥, 최이주, 허수련, 황진희

마음이 머무는 그림책 한 문장

그림책사랑교사모임 지음

그림책에서 찾은 인생의 한 줄

케렌시아

들어가며

　바다를 좋아한다. 끊임없이 밀려오는 파도, 햇살에 비친 푸른 빛을 머금은 잔잔한 바다를 보고 있노라면 마음이 편해진다. 언젠가부터 넓은 바다를 보면 숨통이 트이곤 했다. 그래서일까? 삶이 힘들거나 지칠 때면 문득 바다가 보고 싶어졌다. 특히, 제주 바다가 좋다. 우리나라 바다이면서도 이국적인 느낌을 주는 에메랄드빛이 인상적이다. 제주 어느 곳에서도 쉽게 볼 수 있고, 어디에서 보더라도 참 좋다.

　한동안 바다를 잊고 살았다. 힘들다는 생각조차 하지 못할 정도로 바쁘게 살았기 때문일 수도 있지만, 그보다는 삶이 힘든데도 힘들다고 느끼지 못하고 살았기 때문이 아닐까 싶다. 해야 할 일이 많으니 힘들면 안 되었다. 그저 주어진 일을 묵묵히 해내야만 했다. 매일 일정표에 적힌 일들을 하나씩 처리하면서 살았다. 힘들다는 감정을 느끼는 것이 사치였던 지난날이었다. 그렇게 하루하루

보내다 보니 어느덧 시간이 훌쩍 지나버렸다.

케렌시아(Querencia)라는 말이 있다. 스페인어로 피난처, 안식처를 의미한다. 투우 경기장에서 투우사와 마지막 결전을 앞두고 소가 잠시 쉬는 곳을 뜻한다. 최근에는 바쁜 일상에 지친 현대인들에게 자신만의 휴식처를 찾는 현상으로 불리고 있다. 누구에게나 자신만의 쉴 곳이 필요하다. 그런데 꽤 오랫동안 마치 투우사를 향해 돌진하는 소처럼 정신없이 앞만 보며 달렸다. 그 결과 몸도 마음도 지쳐버렸다.

아무것도 할 수 없는 번아웃 상태. 문득 제주 바다가 보고 싶어졌다. 지친 몸을 이끌고 아무런 계획도 없이 제주로 떠났다. 그리고 하늘과 바다가 구별되지 않는 푸른 빛의 케렌시아를 만났다. 오랜만에 찾아서 서운할 만도 한데, 제주 바다는 온화한 미소로 '너 왔구나'라며 반갑게 맞아주었다. 마음이 통하는 친구는 아주 오랜만에 만나더라도 항상 곁에 있었던 것 같은 편안함을 느끼듯이 바다는 그렇게 다가왔다. 그리고 따뜻하게 안아주었다. 그제야 알았다. 그동안 참 많이 힘들었다는 것을, 몸도 마음도 지쳤다는 것을. 저절로 눈물이 났다.

바다는 물었다. 무엇을 위해 그렇게 바쁘게 살아가고 있는지. 쉽게 대답하지 못해 답답했다. 지난날을 되돌아보았지만, 원하는 답을 찾을 수 없었다. 바다를 마주하고 한참을 앉아만 있었다. 파도가 밀려오고 또 밀려왔다. 그동안 수고했다며 쓰다듬어 주었다. 마음이 편안해졌다. 답을 찾지 못해도 괜찮다며 위로해주었다. 바다 덕분에 다시 살아갈 힘이 생겼다. 바다와 헤어질 시간, 안녕하고 돌아서는데 바다가 배웅해주었다.

"다음에 또 와."
『파도는 나에게』 중에서

지치고 힘들 때 바다로 달려가고 싶지만, 항상 그럴 수는 없다. 시간적, 경제적 이유보다는 마음의 여유가 없어 바다로 떠나지 못할 때가 많다. 그럴 때마다 책장에서 『파도는 나에게』를 꺼내 읽으며 바다를 만난다. 삶에 지친 주인공이 바다가 보고 싶어 무작정 떠나 파도가 들려주는 이야기를 들으면서 다시 살아갈 힘을 얻는다. 그림책이 우리 삶을 거울처럼 비춰준다.

그림책에는 우리 삶이 들어 있다. 기쁘고 슬프고 화나고 때로는 두려운 일이 가득한 그림책 속에 머물다 보면 어느새 내 삶을 바라보는 나 자신을 발견할 수 있다. 그리고 그림책이 던지는 질문에 하나씩 답하다 보면 다시금 일어설 용기를 얻기도 한다. 바다가 보고 싶을 때 『파도는 나에게』를 꺼내듯이 삶에 지쳐 힘들 때면 그림책을 펼치면 된다. 그러면 그림책이 위로와 위안을 전해줄 것이다.

소통과 공감이 필요한 시대, 그림책은 모든 세대를 껴안는다. 누구나 쉽게 다가갈 수 있다. 그림 하나, 문장 하나만으로도 바람처럼 여운이 남는다. 치열한 삶에 긴장해 있던 몸과 마음이 그림책이 건네는 위로에 말랑말랑해진다. 그림책을 읽으면 유난히 눈길이 오래 머무는 문장이 있다. 그 문장들을 모아 읽어보면 한 편의 시가 되어 삶을 노래하기도 한다. 평범한 일상에 꿈과 희망을 더한다. 그림책을 좋아하는 사람들이 공감하는 것이 있다. 그림책이 힘들고 아픈 마음을 어루만져 주기도 하고, 있는 줄도 몰랐던 마음을 알아줄 때도 있다는 것이다. 마치 친구처럼 언제나 옆에서 함께하며 행복을 준다.

『마음이 머무는 그림책 한 문장』은 많은 사람들에게 울림과 감동을 주는 그림책처럼 살아가고자 하는 저자들의 삶의 이야기가 담겨 있다. 한 편의 글은 단지 한 사람만의 이야기가 아니다. 이 책을 읽는 독자 한 명 한 명, 나아가 우리 모두의 삶 그 자체다. 여러분도 그림책을 읽으며 눈길과 마음이 머무는 문장이 있다면 꼭 직접 써보기를 권한다. 지금까지 살아온, 앞으로 살아갈 이야기가 눈앞에 펼쳐진다면 짧게라도 그 이야기를 풀어보는 것도 좋다. 분명 푸른 바다 같은 마음의 케렌시아가 펼쳐질 것이다.

힘들고 지칠수록 그림책 한 문장을 필사하며 하루를 정리한다. 그림책에서 뽑은 문장들이기에 먼저 그림책을 다 읽고 필사하면 좋다. 하지만 꼭 그림책을 먼저 읽지 않아도 필사를 하면서 문장에 대한 생각이나 느낌을 일기처럼 적어보는 것도 좋다. 일기를 쓰면 좋다는 것은 누구나 알지만 꾸준히 쓰기가 힘들다. 가끔은 무엇을 써야 할지 막막하거나 쓸 거리가 없어 못 쓰기도 한다. 그런 점에서 이 책은 일기장처럼 활용하며 필사할 수 있어 좋다.

 필사는 마음의 거울이다. 필사를 하며 지나간 시간의 기쁨과 후회를 갈무리하고, 다가올 시간에 대한 불안은 다독이면서 설렘을 맞이할 수 있다. 그날그날 마음이 머무는 그림책의 한 문장을 골라 그것만 필사해도 좋고, 하루를 돌아보거나 미래를 꿈꾸는 내용을 덧붙이는 것도 좋다. 똑같은 문장이라도 어떤 하루를 보냈느냐에 따라 다른 느낌으로 다가온다. 삶이 다채로운 만큼 필사는 내 마음을 다양하게 비추며 응원해줄 것이다.

2022년 12월
우리를 위로해준
그림책과 한 문장에 감사하며

이 책을 읽는 방법

001

❶ 내가 원해서 여기에 온 건 아니야.
하지만 나는 지금 여기에 있고, 살아가야 하지.
『도시 악어』

❷ 나는 계획대로 되지 않는 삶을 꺼렸다. 삶의 굵직한 과업들을 큰 걸림돌 없이 넘기며 생긴 조건 반응 같은 것이었다. 어느 날 이런 과업들 사이, 계획되지 않은 교통사고가 두 번 발생했다. 찰나의 죽음을 맛보았고, 젓가락 부러지듯 코뼈가 두 동강 났다. 훨씬 더 진한 강도의 사고를 통해선 지진에 땅 갈라지듯 이마에 기다란 상처를 얻었고 좀 더 깊은 죽음의 냄새를 맡아야 했다.

누군가에 의해 조작된 '트루먼 쇼'인 것만 같았다. 내 삶의 맥락에서 절대 일어나선 안 되는 일이었다. '내가 원했던 삶이 아니야! 내게 왜 이런 일들이 생기는 거야?' 과거를 탓하기에 바빠 현재를 돌보지 않고, 미래가 없는 것처럼 굴었다. 하지만 그 와중에도 삶은 지속되었는데, 당시엔 그것이 삶의 무심함이면서 배려심이라는 것을 알지 못했다. 살기 위해 내가 할 수 있는 것이라곤 반항하지 않고 '사건'이라고 여겨지는 삶의 순간들을 '사고'로 받아들이는 것뿐이었다. 그제야 비로소, 때론 내 의지와 무관히 진행되는 삶의 이야기를 담고 있는 내 앞의 생을 똑바로 볼 수 있게 되었다.

---

❶ 그림책에서 찾은, 독자 여러분께 소개하고 싶은 한 문장입니다. 따라 써보기를 권하는 문장이기도 합니다.

❷ 위의 그림책 문장에 대한 생각과 느낌 등을 풀어낸 글입니다.

❸ 그림책에서 찾은 문장을 따라 써봅니다.

❹ 자신의 글씨로 다시 써볼 수 있도록 마련한 공간입니다.

❺ 필사문에 대한 자신의 생각과 느낌을 씁니다.

우리 앞에 펼쳐진 날들이
아주 많다는 걸,
너는 혼자가 아니란 걸,
강한 사람이라는 걸 잊지 말기.

내가 원해서 여기에 온 건 아니야.
하지만 나는 지금 여기에 있고, 살아가야 하지.
『도시 악어』

    나는 계획대로 되지 않는 삶을 꺼렸다. 삶의 굵직한 과업들을 큰 걸림돌 없이 넘기며 생긴 조건 반응 같은 것이었다. 어느 날 이런 과업들 사이, 계획되지 않은 교통사고가 두 번 발생했다. 찰나의 죽음을 맛보았고, 젓가락 부러지듯 코뼈가 두 동강 났다. 훨씬 더 진한 강도의 사고를 통해선 지진에 땅 갈라지듯 이마에 기다란 상처를 얻었고 좀 더 깊은 죽음의 냄새를 맡아야 했다.
    누군가에 의해 조작된 '트루먼 쇼'인 것만 같았다. 내 삶의 맥락에서 절대 일어나선 안 되는 일이었다. '내가 원했던 삶이 아니야! 내게 왜 이런 일들이 생기는 거야?' 과거를 탓하기에 바빠 현재를 돌보지 않고, 미래가 없는 것처럼 굴었다. 하지만 그 와중에도 삶은 지속되었는데, 당시엔 그것이 삶의 무심함이면서 배려심이라는 것을 알지 못했다. 살기 위해 내가 할 수 있는 것이라곤 반항하지 않고 '사건'이라고 여겨지는 삶의 순간들을 '사고'로 받아들이는 것뿐이었다. 그제야 비로소, 때론 내 의지와 무관히 진행되는 삶의 이야기를 담고 있는 내 앞의 생을 똑바로 볼 수 있게 되었다.

내가 원해서 여기에 온 건 아니야.
하지만 나는 지금 여기에 있고,
살아가야 하지.

가만히 둥둥 살아.
힘주면 가라앉아 버려.
『마음 수영』

흔히들 인생은 마라톤과 같다고 말한다. 인생의 중간 지점을 달리고 있는 지금, 그동안 달려온 길을 뒤 돌아본다.

나는 학창 시절부터 매 순간 마치 기록 경신이 목표인 사람처럼 계속 질주해왔다. 나에게 나태함이란 가장 경계해야 하는 것이었다. 학업, 직업, 육아 등 내게 주어진 모든 일을 해내면서 온 힘을 쏟아부었다. 주어진 일을 완벽하게 해내기 위해 항상 긴장하고 고민하느라 숙면을 취해 본 적이 별로 없다. 이렇게 매일 긴장하며 온몸에 힘을 잔뜩 준 채 치열하게 달려왔다.

얼마 전 길에서 개미 한 마리가 자기 몸보다 몇 배나 큰 과자 부스러기를 가지고 기어가는 것을 봤다. 그 작은 개미는 한 번도 쉬지 않고 끝까지 열심히 기어갔다. 지난날의 내 모습 같았다. 그 개미에게 "영차영차! 힘내!"라는 말보다 "쉬었다 가. 쉬어도 돼!"라고 말해주고 싶었다.

앞으로 남은 인생 레이스는 더 이상 있는 힘껏 질주하지 않고 가볍게 달리고 싶다.

가만히 둥둥 살아.
힘주면 가라앉아 버려.

나는 태어나 처음으로 내 모습을 보았어요.
혼자였지만 즐거워 보이는 나를 말이에요.

『낡은 타이어의 두 번째 여행』

20대 중반, 힘을 쏟아 준비하던 시험에 떨어졌다. 각종 시험과 취업 준비로 주위 사람들 모두 무언가에 몰두하고 있을 때, 나 홀로 길을 잃고 서 있는 것 같았다. 직장인도 학생도 아니기에 어디에도 소속되어 있지 않다는 것이 외롭고 불안했다. 혼자라는 두려움을 떨치고 싶어서 난생처음 혼자 여행을 떠나기로 했다. 간단한 옷가지와 읽을 책 한 권을 챙겨 기차를 타고 강원도 태백의 한 수도원으로 향했다.

아는 사람이 아무도 없는 낯선 곳에서 휴대폰도 끄고 외부와 단절된 채 지낸 혼자만의 시간은 편안하고 자유로웠다. 숲의 향기가 나를 포근히 감싸주었고 잎새로 부는 바람과 흐르는 계곡물이 마음을 위로해주었다. 소속된 곳이 없다는 것은 무엇이든 될 수 있다는 자유로움이기도 하다는 것을 깨달았다.

새롭고 낯선 곳에 홀로 있어도 내가 나인 것에는 변함이 없다. 내 모습을 있는 그대로 받아들이고 현재를 누리는 것이 중요한 것 같다. 나는 스스로 행복을 찾을 수 있기 때문이다.

나는 태어나 처음으로 내 모습을 보았어요.
혼자였지만 즐거워 보이는 나를 말이에요.

전처럼 잘 날지 않아도 돼.
그냥 마음껏 날아.
『나의 붉은 날개』

  수영을 좋아하는 딸아이가 수영대회 출전을 권유받은 적이 있다. 아이는 우승하지 못할까 봐 시합에 나가고 싶지 않다고 했다. 잘 할 수 있다고 설득해 봤지만, 아이의 마음은 변함없었다.
  당시 아이가 도전해보지도 않고 포기한 게 아쉬웠다. 그러면서 한 편으로 아이의 마음이 이해되었다. 나 역시 실패하거나 잘 해내지 못할까 봐, 사람들의 웃음거리가 될까 봐 두려워서 시도조차 하지 않을 때가 많기 때문이다.
  지금 생각해보면 '잘 할 수 있다'는 응원이 아이에게는 '잘하지 못하면 안 된다'는 부담으로 다가왔던 것 같다. 당시 아이에게 필요한 건 '잘하라'는 말이 아닌, '마음껏 하라'는 말이 아니었을까? 실수해도 괜찮고 실패할 수도 있다고, 그저 좋아하는 수영을 즐기면서 자신이 할 수 있는 최선을 다하라고 말해주고 싶다. 그리고 내 아이가 좌절과 아픔을 잘 피해 다니기보다 잘 받아들이는 법을 배우면 좋겠다. 정상을 향해 걷다가 비탈에서 넘어져도 다시 일어설 수 있는 사람이 되면 좋겠다.

전처럼 잘 날지 않아도 돼.
그냥 마음껏 날아.

난…… 난 계속 굴렀을 뿐이야.
내가 가고 싶은 곳으로.
「작은 눈덩이의 꿈」

    남편은 과학자로 국내에서는 연구자가 많지 않은 기초과학 분야를 연구하고 있다. 국내에 정착하기 전 남편이 네덜란드에서 박사 후 연구원 생활을 하던 때, 우리 부부는 모든 것이 낯설고 넉넉하지 못한 외국 생활에 지치기도 했다. 때로는 새로운 길을 개척하느라 애쓰기보다 남들처럼 평탄한 길을 갔더라면 좋지 않았겠냐는 주변의 이야기에 마음이 힘들기도 했다.

    그러던 어느 주말 암스테르담 고흐박물관에서 만난 고흐의 이야기는 우리 부부에게 힘든 시기를 견디어 낼 힘을 주었다. 당대에는 인정받지 못했지만 스스로 가고자 하는 길을 묵묵히 걸었던 고흐의 생애, 혹독한 비평 속에서도 끊임없이 연습하고 연구한 그의 자취, 아름다운 인내의 산물인 그의 작품들을 보면서 위로받았다.

    그날 기념품 가게에서 고흐의 그림이 담긴 마우스패드를 샀다. 때때로 마우스패드 속 그림은 나지막하게 격려의 말을 건네는 듯하다. 쉽게 지치지 말고 용기 있게 나아가라고. 네가 가고자 하는 그 길로 내딛는 우직한 걸음걸음은 결코 헛되지 않을 것이라고.

난…… 난 계속 굴렀을 뿐이야.
내가 가고 싶은 곳으로.

장미는 빨간색...이거나 노란색, 오렌지색 그리고
믿기는 어렵겠지만 녹색도 있단다.
『이 색 다 바나나』

    세상에는 다양한 생각, 색깔, 모양을 가진 내가 알지 못하는 것들이 있는데도, 내가 알고 있는 것이 전부인 양 우기고 버티는 나를 알아차리고 부끄러움이 밀려올 때가 있다.

    지나간 시간을 되돌아보니, 내 삶에 여러 가지 색이 있었다는 생각이 든다. 부모님 그늘 아래 있었던 유년기에는 연노랑 빛이었다면, 20살 이후에는 싱그러운 연둣빛과 초록빛이었다가, 결혼을 하고 자녀를 낳고는 파란색이 짙어졌다가, 이제 보라색의 신비로움과 무게감으로 삶의 색이 변함을 느낀다. 여러 가지 모양으로 변하기도 한다는 것을 알면서도 나는 '장미는 빨간색이고 장미는 꽃으로 존재해야지만 장미지' 하고 생각했었다.

    '엄마는 이래야 해!', '아빠라면 이래야지!', '남편이라면 이래야지!', '선생님은 이래야지!', '자녀라면 이래야지!', '너는 나한테 이래야지!' 하며 내가 생각하고 내가 만들어놓은 틀에 가두어가며 살아가는 것 같다. 내가 알지 못하는 세상이라도 호기심을 가지고 궁금해하며 말랑말랑 세상과 마주하고 싶다.

장미는 빨간색...이거나 노란색,
오렌지색 그리고
믿기는 어렵겠지만 녹색도 있단다.

이제 앞으로는 새로운 것들을,
살아있는 것들을 더 많이 사랑할 거야.
『내 어깨 위 두 친구』

나 자신을 생각할 때면 늘 부족한 점이 먼저 떠올랐다. 성격, 외모, 재능… 뭐 하나 마음에 드는 게 없었다. 다른 사람들에게 그런 내 모습을 들킬까 봐 전전긍긍했다. 부족한 나를 숨기려, 보다 나아지려 채찍질하며 다그쳤다. 나를 가장 구박하는 사람이 있다면, 그건 바로 나 자신이었다.

그럴수록 자존감은 떨어지고 마음은 헛헛하기만 했다. 그러다 어느 날 깨닫게 되었다. 나를 평가하던 그 기준들이 내가 세운 것이 아니었단 것을, 다른 사람들의 기준이었단 것을. 그제야 나는 나를 처음부터 다시 보기 시작했다.

나는 보석보다 노을 진 바닷물의 윤슬에 더욱 감탄하는 사람이었고, 귀여운 캐릭터 상품보다 나뭇가지 위 작은 새와 바닷속 물고기를 더 깜찍하게 여기는 사람이었다. 내가 생각보다 꽤 괜찮은 사람이었다는 걸 깨닫자 내 부족한 점도 너그러운 마음으로, 사랑의 눈으로 볼 수 있게 되었다. 있는 그대로의 나를 사랑하는 것, 가장 어렵지만 가장 중요한 일이 아닐까 싶다.

이제 앞으로는 새로운 것들을,
살아있는 것들을 더 많이 사랑할 거야.

비에도 지지 않고 바람에도 지지 않고
눈에도
여름 더위에도 지지 않는

『비에도 지지 않고』

예상하지 못한 일로 길을 잃을 때가 있다. 믿어지지 않는 불행이 닥쳐오기도 하고, 다양한 관계 속에서 상처를 입기도 한다. 그럴 때면 다른 사람을 원망하기도 하고 후회하며 시간을 보내기도 했다.

어릴 때 소풍을 갔다가 집으로 돌아오는 길을 잃어 몇 시간 동안 헤맨 적이 있다. 지나가는 사람의 도움을 받아 집으로 무사히 돌아왔고 그 일은 아직도 따뜻한 기억으로 남아있다.

집으로 돌아오는 길이 힘들었기 때문인지 그날은 유난히 어머니의 모습을 바라보는 게 좋았다. 안 좋은 일이 생기더라도 어머니께 이야기하면 다 해결될 것 같은 생각마저 들었다. 하지만 병석에 오래 계셨던 어머니 앞에서 속상하고 억울한 일을 말할 수 없었다.

힘들 때마다 마음속으로 '지지 않는다는 것'을 생각해본다. 속상한 일이 해결되지는 않지만 기분은 좀 나아진다. 다시 길을 잃더라도 어머니에 대한 기억을 떠올리면 스스로 길을 찾아갈 수 있을 거라는 믿음이 생긴다. 그리고 그 믿음은 나를 사랑하는 길로 이끌어 준다.

비에도 지지 않고 바람에도 지지 않고
눈에도
여름 더위에도 지지 않는

그래, 그렇게 웃는 거야.
온 세상이 너를 따라 웃을 때까지.
웃음은 힘이 세!
「웃음은 힘이 세다」

 기쁠 때나 즐거울 때, 반가운 이를 만나거나 행복할 때 우리는 환하게 웃는다. 그런데 간혹 기분이 좋지 않거나 짜증이 날 때, 웃을 일이 아닌데도 크게 한번 웃고 넘기는 사람이 있다. 밝은 에너지로 삶을 긍정하며 웃는 태도로 살아가는 사람이 있다. 그는 아마도 마음 근육의 힘이 넉넉한 사람이지 싶다. 인생사 새옹지마, 어제까지는 불행이라 여겼던 일, 안 좋았던 일이 살다 보면 좋은 일, 행운으로 바뀔 수 있다는 것을 일찌감치 깨달은 사람이지 싶다.

 어두운 밤 지나고 따스한 아침 햇살 맞으며 오늘도 힘내자! 크게 기지개 켜면서 웃는다. 고단한 하루를 보내고 피곤한 몸 이끌고 마주 앉은 소박한 저녁 밥상 앞에서 서로에게 "수고했어"라며 건네는 다정한 말 한마디에 또 한 번 웃는다.

 웃음은 전염성이 강하다. 내가 먼저 웃으면 가족, 친구, 이웃도 따라 웃는다. 한바탕 웃음으로 고단했던 날, 불편했던 감정들이 눈 녹듯 사라진다. 함께 웃는 웃음은 힘이 더 세기 때문이다.

그래, 그렇게 웃는 거야.
온 세상이 너를 따라 웃을 때까지.
웃음은 힘이 세!

> 그러다 문득, 이런 생각도 했어요.
> '아무도 알아주지 않아도 괜찮아.'
> 『채식하는 호랑이 바라』

부산을 지나는 길에 바다가 보이는 식당에 들렀다. 멋진 풍경과 함께 식사를 하는데, 문득 가족이 떠올랐다. 좋은 것이 있으면 소중한 사람에게 말해주고 나누고 공감받고 싶다. 옳다고 생각하는 것이 있을 때도 마찬가지다. 다른 사람과 이야기 나누며 그 생각과 가치를 공유하고 싶다. 누군가와 함께이기를 원하는 것은 인간의 속성일지도 모른다.

삶에는 지지와 격려가 필요하다. 그래서 '어떻게 하면 내 마음과 생각을 상대에게 온전히 전할 수 있을까?' 고민한다. 내가 열성을 다하면 상대방도 알아줄 거라는 기대에 부풀고 설렌다. 하지만 진심이 늘 상대에게 전해지는 것은 아니다.

온전한 마음도 반사되고 굴절될 수 있다. 그럴 때면 화가 나고 슬프다. 이 세상에 혼자 남겨진 기분이다. 홀로 끙끙대며 며칠을 앓는다. 하지만 비 온 뒤 땅이 굳듯이, 아픔의 시간을 보내고 나면 알게 된다. '다른 사람이 알아주면 좋지. 하지만 그렇지 않으면 어때? 아무도 알아주지 않아도 괜찮아. 내가 아니까.'

그러다 문득, 이런 생각도 했어요.
'아무도 알아주지 않아도 괜찮아.'

왜 사는지 모르겠을 때도

위로받기 위해

시를 읽는다.

—

『시를 읽는다』

마음결에 와닿는 한 줄의 시는 위로이고 위안이다. 지친 어깨를 가만가만히 어루만져 주는 따스한 손길 같은 다독임. 지난한 생에서 때때로 침잠하고 무너져 내릴 때 시는 삶을 지탱하는 힘이 되어주었고 다시 일어날 용기를 주었다. 사는 일의 신산과 굴곡 고비마다 버팀목이 되어 준 시에 감탄한다.

 어느 한 해는 이 악물고 '한 번 더 사랑하자 이 겨울에 당도할 때까지'라는 시구절을 밥처럼 되뇌며 살았다. 흰 눈이 내리던 그해 겨울 끝에서 한 줄의 시가 베푸는 크나큰 위로는 따스했고 살아낼 힘이 되어주었다. 여러 가지 악재가 겹쳐 힘들고 어려웠던 그해, 역경을 이겨내고 아픈 몸과 황폐해진 정신을 추스를 힘을 북돋웠던 시의 수려한 문장들은 지금도 고난에 처할 때마다 깊은 울림을 준다.

 슬픔과 불안에 대처하는 자세도 각양각색이겠지만, 치유로서 정신을 번쩍 들게 하는 섬광 같은 시는 각별하다. 별처럼 바람처럼 시인이 만들어내는 좋은 시는 자연을 닮았다. 오늘도 나지막이 시를 읽으며 하루를 건더낼 힘을 얻는다.

011

슬픔을 이해하기 어려우면
말없이 나란히 앉아만 있어도 괜찮아.

『슬픔이 찾아와도 괜찮아』

오늘도 맞춰 놓은 알람을 몇 번씩 꺼 가며 조금이라도 더 이불 속에서 버티려고 했지만, 무거운 몸을 억지로 일으켜 본다. 머리를 말리고 화장을 하며 혹시나 출근길이 늦을까 1분 간격으로 시계를 보며 바삐 손을 움직인다. 바쁜 출근길 내 옆자리에는 늘 '긴장감'이 함께한다. 모든 것을 끝낸 후 집으로 향하는 퇴근길, '슬픔'이 말을 건넨다.

'똑똑똑' 자신의 존재를 알리듯 조용히 노크하는 슬픔에 마음이 '두근두근' 대답한다. 어떤 날은 굉장히 작은 모습으로 찾아오지만, 어떤 날은 너무 커서 숨 막히게 한다. 나를 찾아온 슬픔으로부터 벗어나고 싶어 발버둥 칠 때도 있지만, 그런 몸부림은 해결 방법이 아니라는 것을 나는 누구보다 잘 알고 있다.

그 슬픔에게 왜 나를 찾아왔고, 어디에서 왔는지 묻기보다는 그냥 말없이 함께하는 것이 나를 찾아온 슬픔을 받아들이는 방법이 아닐까 싶다.

슬픔을 이해하기 어려우면
말없이 나란히 앉아만 있어도 괜찮아.

012

엄마의 품에는
세상 모든 따사로운
햇살이 다 담겨 있다.

『엄마의 품』

어느 여름 날 수업을 하던 중에 갑작스럽게 창밖으로 비가 세차게 쏟아졌다. 창문에 부딪쳐서 나는 무서운 빗소리는 우산을 가져오지 않은 나를 걱정스럽게 만들었다. 다행히 교문 앞에서 아이들을 기다리는 사람들 속에 엄마가 보였다. 엄마는 검정 우산을 한 손에 들고 다른 한 손에는 나와 동생이 쓸 우산 두 개를 들고 계셨다. 8남매의 맏며느리로 많은 집안일과 시부모를 모셔야 하는 어려움과 고단함 속에서도 엄마는 늘 그림자처럼 나와 함께해주셨다.

어린 시절, 엄마는 내 곁에 늘 그렇게 젊은 모습으로 함께하실 거라 생각했었다. 이제 한 아이의 엄마가 된 내게 더 이상 젊지 않은 엄마의 모습은 많은 생각에 잠기게 한다. 나이가 들면 아프지 않은 곳이 없다며 비 오는 날에는 더욱 아파하시는 엄마의 모습에 이제는 비 오는 날은 걱정스러운 날이 되었다.

엄마의 굵은 주름과 세월의 흔적은 어쩔 수 없지만, 그래도 한 가지 변함없는 것이 있다. 그것은 바로 엄마의 품에는 세상 모든 따사로운 햇살이 담겨 있다는 것이다.

엄마의 품에는
세상 모든 따사로운
햇살이 다 담겨 있다.

013

난 내가 쿠키에 대해 다 안다고 생각했는데,
이제 보니 겨우 초콜릿 조각 하나 아는 것 같아.

『쿠키 한 입의 인생 수업』

겪어본 적 없는 코로나19 상황. 늘 해오던 업무는 비대면으로 전환해야 했다. 코로나 상황을 대비한 지침의 기본 방향은 '상황에 따라 변경됨'으로 해석된다. 예측할 수 있는 것이 없어 불안했다. 변화하는 상황에 대처하는 방법을 찾지 못해 판단을 포기했다. 그래서 전달된 지침의 최소 허용범위만을 따를 뿐이다. 수동적이고 위축되는 게 당황스럽다.

다년간 경험으로 축적된 노하우가 리셋되어 초심자가 되었다. 초심자가 된 어눌함은 불안감을 키웠다. 일상의 업무 회복을 위해서는 방법을 찾아야만 했다. 도대체 아는 것이 없다. 새로운 것을 배우고 익히면서 '또 해내야만 한다'는 생각에 힘이 들었다. 3년의 세월을 보낸 지금 생각하니 '아는 게 없다'는 인정이 오히려 변화에 적응하는 방편이 되었다. 경력을 내려놓은 것은 모르는 것을 배우게 했으며, 함께하는 연수에서 동료의 자료 공유와 나눔은 든든함과 감사함이었다. 내가 아는 게 다가 아니라는 겸손, 경험으로 또 배운다.

난 내가 쿠키에 대해 다 안다고 생각했는데,
이제 보니 겨우 초콜릿 조각 하나
아는 것 같아.

꽃잎은 없지만,
그래도 꽃입니다.
『은행나무』

오랜 세월 큰 변화 없이 살아온 은행나무는 '살아 있는 식물 화석'으로 불린다. 암수딴그루에 꽃잎도 갖추지 못해 자세히 보지 않으면 꽃도 잘 보이지 않는다. 화려한 꽃이 없어 벌을 부르지도 못한다. 그래서 미세한 꽃가루가 따뜻한 봄바람에 날려 수정한다.

모든 것을 갖추어 사는 사람이 얼마나 되랴? 없는 것을 갖추기 위해 애쓰지 않는 은행나무처럼 부족하면 부족한 대로, 부족하지만 상황과 처지에 맞추련다. 그래서 바람을 만난 덕분에 노랑 은행 맺듯, 사소한 일상에서 갖추지 못한 꽃으로 열매 맺으련다. 은행나무가 가을에 잎을 떨구고 맨몸으로 추운 겨울을 견딜 수 있는 것은 봄바람의 따스한 기억 때문일 것이다. 부족하지만 살아낸 오늘 하루도 열매를 맺기 위해 꽃 피우는 과정이다.

하루를 보내며 보이지 않게 지어본 미소, 자신을 향한 토닥임의 손길, "안녕"하고 누군가에게 건넨 따뜻한 인사. 오늘 하루 피워낸 꽃이다. 소소한 오늘을 살아낸, 머지않아 열매 맺을 꽃이다.

꽃잎은 없지만,
그래도 꽃입니다.

4월의 소나기는 5월의 꽃을 피어나게 한다.

『봄의 방정식』

봄을 생각한다. 봄은 기대와 설렘을 동반하며 온다. 새로운 시작, 입학이나 결혼, 무한한 희망에 부풀게 하는 봄은 겨울의 추위를 이겨낸 결과다. 봄은 더불어 온다. 따스하고 아늑한 기온, 노란 개나리, 하얀 벚꽃과 동행하는 봄도 엄혹한 추위와 비바람을 맞으며 우리 곁으로 온다.

세상 이치도 자연과 다를 바 없어서 역경과 고난 없이는 생의 찬연한 봄을 맞을 수 없다. 겨울잠에 든 동물들도 눈 덮인 땅속에서 인고의 시간을 견딘다. 혹독한 추위를 이겨냈기에 눈부신 봄이 주는 기쁨은 더욱 값지다. 괴테는 그의 시에서 '눈물 젖은 빵을 먹어보지 못한 사람은 참 인생의 맛을 모른다'라고도 했다. 고난이 사람을 성장시킨다. 고생 끝에 낙이 온다는 말도 있다.

되돌아보니 인생의 아름다운 봄은 언제나 시련을 이겨낸 뒤에 왔다. 방정식의 해를 구하듯이 봄을 기다린다. 이제는 미지수의 봄을 어떻게 기억하고 서술할 것인가를 고민해야겠다.

4월의 소나기는
5월의 꽃을 피어나게 한다.

평범한 일상이 얼마나 소중한지
깨닫기 시작한 거야.

「위대한 깨달음」

2020년, 세계는 새로운 질병으로 생각지도 못한 일을 겪었다. 매일 가던 직장과 학교가 문을 닫았고, 서로의 안부는 비대면으로 물어봐야 했다. 한 번은 피곤하다고 엎드린 동료에게 힘내라고 등을 토닥여 주었다가 밀접 접촉자가 되어 주변의 따가운 시선을 견뎌야 했다.

길어지는 팬데믹으로 내 마음에 우울함과 불안함이 스며들기 시작할 그즈음, 잊고 지냈던 일상의 행복이 눈에 보이기 시작했다. 각자의 생활 때문에 갖기 어려웠던 온 가족 저녁 식사 시간을 서로의 눈을 보며 일과를 나누는 대화로 채웠다. 음악을 들으며 정성스레 내린 차 한 잔 대접하는 여유도 생겼다. 그뿐인가? 여러 규제로 사람들의 활동이 줄어들면서 창문을 오래 열어두어도 미세먼지를 걱정하지 않아도 된다. 그렇게 인간이 비워둔 공간을 자연이 채워나가는 모습에서 자연이 살아 있다는 것을 느꼈다.

다시 일상으로 돌아가고 있는 지금, 코로나 팬데믹을 겪으면서 얻은 그 소소한 행복함을 가슴 속에 잘 담아두었으면 한다.

평범한 일상이 얼마나 소중한지
깨닫기 시작한 거야.

중요한 것은
모든 면들을 함께 볼 수 있는
따뜻한 시선입니다.

『벽』

아이들이 어릴 때, 비가 오는 날이면 우산을 들고 밖으로 나가 우산 위로 떨어지는 경쾌한 빗방울 소리를 듣곤 했다. 아이들의 따뜻한 손을 잡고 토도독토도독 내리는 빗소리를 들으며 가만히 하늘을 올려다보는데, 아이가 내게 물었다. "왜 비는 하늘에서 내려요?" 이런 질문에는 그 순수함에 저절로 웃음을 짓게 된다. 이제 어른이 된 나는 더 이상 이런 질문을 하지 않는다. 그냥 당연하게 받아들일 뿐이다.

마흔 중반이 되어가는 지금, 나는 "왜"라는 질문보다 "원래 그래"라는 말을 더 많이 한다. 어쩌면 당연하다는 인식이 나도 모르게 편견의 벽을 세우고 닫힌 시선으로 타인과 세상을 바라보게 했을지도 모른다. 나도 모르게 세워진 편견의 벽을 어떻게 허물 수 있을까? 아마도 당연한 것을 당연하지 않게 생각하는 것, 낯설지 않은 것을 낯설게 보는 시각, 사물의 새로운 면을 들여다보는 따뜻한 시선에서 시작될 것이다. 그리고 이런 따뜻한 시선은 내가 잊고 있던 순수함을 꺼내줄 것이다.

중요한 것은
모든 면들을 함께 볼 수 있는
따뜻한 시선입니다.

018

우리 앞에 펼쳐진 날들이
아주 많다는 걸,
너는 혼자가 아니란 걸,
강한 사람이라는 걸 잊지 말기.

「작은 당부」

    매일 살아간다. 행복한 날에도 힘든 날에도 즐거운 날에도 슬픈 날에도 날마다 살아간다. 녹록지 않은 세상살이에 지치고 힘들 때도 있지만, 그래도 여전히 살만하다고 나를 다독인다. 내 옆에서 나를 바라봐주는 소중한 사람이 있기에 오늘 하루도 힘을 내어본다. 내가 지켜주고 싶은 소중한 사람이 있기에 오늘 하루도 이겨낸다.

    오늘도 하루를 살아낸 나에게 들려주고 싶다. 저마다의 이유로 날마다 살아가는 내 옆의 소중한 사람에게 들려주고 싶다. 봄에는 길가에 피는 민들레 한 송이에도 크게 감탄하기, 여름에는 햇살 가득 머금은 싱그런 초록 나무 그늘 아래 잠시 쉬어가기, 가을에는 대추 한 알에 담긴 자연 음미하기, 겨울에는 소복소복 내리는 눈송이에 마냥 행복해하기….

    나의 소중한 사람이 행복하면 좋겠다. 나를 소중하게 여기는 내가 행복하면 좋겠다. 내가 아껴뒀던 작은 당부가 나의 소중한 사람에게 고스란히 전달되면 좋겠다. '혼자가 아니라는 것'을 꼭 기억하면 좋겠다.

우리 앞에 펼쳐진 날들이
아주 많다는 걸,
너는 혼자가 아니란 걸,
강한 사람이라는 걸 잊지 말기.

019

보이지 않아도 다 때가 있어.
누구나 때가 있지.

『때』

세상의 모든 기회가 나만 비켜 간다고 생각한 때가 있었다. 무슨 일을 해도 잘 풀리지 않았던 때여서인지 더 지치곤 했다. 남들에게 다 오는 기회가 내게만 오지 않는다고 생각하니 삶의 즐거움이 사라지는 기분이었다.

'이젠 기회가 다시 안 오나? 운명이라고 받아들여야 하나?'라는 생각에 포기하는 마음도 들었다. 하지만 다시 한번 힘을 내 할 수 있는 만큼 성실하게 하루하루를 보냈다. 소소한 행복도 느낄 수 있었다. 그러던 어느 날 우연히 찾아온 기회는 나를 다시 일으켜줬다. 희망의 이름으로 다가온 기회는 나를 살아가게 하는 또 다른 활력소가 되어주었다.

기회를 놓쳤다고 해서 기회가 영원히 사라지는 것은 아니다. 눈에 보이지 않지만 누구에게나 때가 있다. 기회는 다시 찾아온다. 주어진 상황에서 열린 마음으로 준비를 하고 있으면 기회가 왔을 때 놓치지 않는다. 묵묵히 준비했던 것들이 빛나는 순간을 맞이하게 된다.

보이지 않아도 다 때가 있어.
누구나 때가 있지.

> 잘하고 있어요.
> 못해도 돼.
> 또 하면 되니까!
> 『어떤 용기』

나 자신이 한없이 작아 보일 때가 있었다. 최선을 다하는 데도 앞서가는 사람들을 쫓아가기 급급했다. '잘하고 있는 건가? 이 일을 내가 하는 것이 맞나?'라는 생각은 자존감을 저 밑바닥까지 떨어뜨렸다. 성공하지 못한 것에 대한 자책은 모든 것을 귀찮게 느끼게 했고, 이런 감정의 반복은 우울한 마음으로 이어지기도 했다.

주변에서는 욕심이라고 말했다. 잘할 거면서 엄살 부린다는 말로 위로하지만, 그 말이 나를 더 옥죄기도 했다. 더 잘하고 싶은 마음은 욕심이었을까? 어쩌면 인정받고 싶은 마음에 점점 완벽을 추구하게 되었고, 마음 저 깊숙한 곳에 더 앞서고 싶은 욕심을 감추고 싶었는지도 모른다.

세상에 완벽한 것은 없다. 실패를 좋은 경험으로 딛고 일어서는 발판으로 삼기로 했다. 생각을 바꾸는 것도 내겐 큰 용기였다. 나를 사랑하고 믿어주며 응원하기 시작했다.

"괜찮아. 잘하고 있어! 뭐 어때? 다시 하면 되지!"라는 말은 한 걸음 더 나아갈 용기를 주는 주문이 되었다.

잘하고 있어요.
못해도 돼.
또 하면 되니까!

숨이 턱 끝까지 차오르면
가슴에 손을 얹어요.

—

『심장 소리』

우리는 모두 달린다. 나도 달린다. 어릴 때는 그저 뛰는 게 좋아 달렸다. 조금 더 자라서는 목표를 이루기 위해서 달렸다. 남보다 앞서기 위해서 달렸다. 부모님이나 선생님의 재촉에 못 이겨 달리기도 했다. 어른이 되어서는 이유도 모른 채 앞만 보고 달렸다. 남들이 달리니까 달렸다. 그런데 쉴 새 없이 달리던 내가 멈췄다. 달리려고 해도 달려 지지가 않았다.

한동안 숨 고르기를 하던 내가 다시 달린다. 아무 소리도 듣지 않기 위해 달린다. 내 안의 소리를 듣기 위해 달린다. 숨이 턱까지 차오르면 가슴에 손을 얹는다. 가만히 눈을 감고 심장 소리를 듣는다. 내 안의 소리를 듣는다. 터질 것 같던 심장이 내게 말을 건넨다. '너는 지금도 잘 달리고 있어. 지치고 힘들 때는 잠깐 쉬어도 좋아.'

오늘도 나는 달린다. 지친 줄도 모르고 달리는 내게 내 심장이 잠시 멈추라고 말한다. 가슴에 손을 얹고 내 심장이 하는 말에 귀를 기울인다. 쿵쿵거리는 심장박동이 머리끝, 발끝까지 전달된다. 가만히 들어보자. 내 심장 소리는 내게 무엇을 말하는 것일까?

나는 태어나 처음으로 내 모습을 보았어요.
혼자였지만 즐거워 보이는 나를 말이에요.

우리는 하나하나 달라요.
하나하나 걸리는 시간도 달라요.
『빨리빨리라고 말하지 마세요』

배낭 하나 달랑 메고 무작정 인도로 떠난 적이 있다. 왠지 모를 끌림 하나로 떠났던 그곳에서 내가 가장 많이 한 일은 '기다림'이었다. 밥을 시켜도 1시간, 제시간에 절대 오지 않는 기차를 2시간 넘게 기다리는 일이 인도에선 일상이었다. 급한 건 언제나 나 혼자뿐, 그들의 입에선 언제나 "노 프라블럼". '아무 문제 없어'라는 말뿐이었다. 웃으며 느긋하게 기다리다 보면 일은 해결되었다.

그때의 기억이 너무 멀어 이제 모두 잊어버린 걸까? 오늘도 역시 "빨리빨리" 하며 재촉하는 나를 발견한다. 치열하고 바쁘게 살다 보니 문득문득 지친다. 생각할 시간도 여유도 없을 땐 마음이 갑갑해진다. 누군가와 비교하며 작아지는 마음을 겨우겨우 붙잡는다. 그럼에도 나만의 속도로 살아갈 용기는 부족하다. 사람은 모두 다른데, 걸리는 시간도 마음도 하나하나 다른데, 세상의 속도에 맞춰 아등바등 살면서 나를 잃어버린다.

"천천히 가. 노 프라블럼." 20년 전 인도의 낯선 길 위에서 외쳤던 것처럼 지금의 나에게 외치고픈 말이다.

우리는 하나하나 달라요.
하나하나 걸리는 시간도 달라요.

결국 모든 것은 지나가고, 변하거나 사라져.
하지만 단 하나, 변하지 않는 것이 있어.
그리고 그건 결코 사라지지 않을 거야.
「사라지는 것들」

 엄마라는 자리가 돌덩이처럼 무겁게 느껴지던 날들이었다. 나를 내려놓고 한 아이의 엄마로만 살라고 하는 것이 야속했다. 끝도 없이 쏟아지는 집안일과 뒤치다꺼리, 웃는 건 잠깐이고 울며 떼쓰는 아이를 달래다 보면 친정엄마 생각이 간절해졌다. 엄마에게 전화해 눈물 펑펑 쏟아내면 내 속은 풀리지만, 고생하는 딸 생각에 엄마는 잠 못 이룬다. 내 딸 고생시키는 손녀는 밉다, 왜 그리 엄마 속을 썩이느냐 하신다.

 그랬던 엄마가 며칠째 고열에 시달리는 손녀 이야기에 목소리가 떨린다. "어린 것이 얼마나 힘들꼬… 내가 대신 아팠으면 좋겠네" 하며 우신다. 결혼하면 근심 좀 덜어질까 했더니 손녀 걱정 하나만 더 늘었다.

 온 힘을 다해 키워도 알아주는 사람 하나 없는 이 일에 마음을 다 바쳤다. 딸로, 엄마로, 이제는 할머니로 살아가는 일이 더 익숙한 나의 엄마. 세상 모든 것이 변하고 사라져도 그 마음은 변하지 않는다. 사랑하는 마음은 그대로 남아 점점 더 깊어만 간다.

결국 모든 것은 지나가고, 변하거나 사라져.
하지만 단 하나, 변하지 않는 것이 있어.
그리고 그건 결코 사라지지 않을 거야.

그래, 바로 이거야.
따라 할 필요가 없는 거였어!

「브로콜리지만 사랑받고 싶어」

『장자』에 '동시효빈(東施效矉)'이라는 고사가 있다. 동쪽에 사는 추녀 동시가 서쪽에 사는 아름다운 서시를 부러워하여, 가슴 통증을 앓고 있던 서시의 찡그린 얼굴을 본떠 무작정 찡그린 얼굴로 다녔다는 이야기다. 그 뒤, 동시는 어떻게 되었을까? 동시의 뒷이야기는 어렵지 않게 상상할 수 있다.

사랑받고 싶은 존재도, 사랑받아야 할 존재도 '나'인데 나의 관심은 온통 '너처럼' 되는 것에 고정되어 있다. 너를 'ctrl + c, ctrl + v' 한다고 해서 내가 되진 않는다. 그러니 내게 없는 조건에 실망하여 나 아닌 것이 되기 위한 억지 노력에 애쓰기보단 내가 지닌 것에 집중하자. 내 것을 타인이 지적하면 단점처럼 느껴지지만, 내가 먼저 드러내고 의미를 부여하면 나만의 고유함이 된다. 따라 할 필요가 없는 나만의 특징을 대놓고 드러내자. 완벽한 나를 꿈꾸며 현재를 감추기보다 지금의 나다움을 보여주자.

그래서 나는 지금껏 작은 눈과 촌스러운 이름에도 이것이 내 마력적인 매력이라며, 나의 감탄에 너를 초대하며 당당히 살고 있다.

그래, 바로 이거야.
따라 할 필요가 없는 거였어!

하지만 바로 지금 이 순간,
우리는 지구라는 아름다운 행성에서 함께 살아가고 있어.
『지구에 온 너에게』

    교실에는 다양한 이주 배경에서 나고 자란 친구들이 함께한다. 이제는 길에서도, 버스나 지하철에서도, TV 프로그램에서도 흔하게 볼 수 있지만, 그들을 실제로 만나면 시선을 어디에 두고 무슨 말을 어떻게 해야 할지 고민하게 된다.

    교실에서 만난 다문화 아이는 선한 눈빛을 하고는 종종 미소를 지었다. 어느 부분이 재밌었을까? 일주일쯤 함께 생활해보니 아이가 알아듣지 못해서 그냥 웃고 말았다는 사실을 알게 되었다.

    발표 수업이 있던 날이다. 아이는 상기된 얼굴로 떠듬떠듬 단어를 천천히 나열하며 애를 쓰고 있었다. 다소 소란스럽던 교실이 어느새 조용해졌다. 교실 안 다른 친구들은 숨소리 하나 크게 내지 않고 아이의 한 마디 한 마디를 열심히 듣고 있었다. 그들은 어릴 때부터 같이 지내고 자라왔다. 유치원, 초등학교 그리고 중학교까지…. 그래서 잘 들어야 들린다는 것을, 잘 들어줘야 한다는 것을 아는 것이다. 내 옆에 있는 특별한 아이가 아니라 교실에서 함께 지내는 나의 평범한 친구로 보는 아이들에게 선생인 내가 배운다.

하지만 바로 지금 이 순간,
우리는 지구라는 아름다운 행성에서
함께 살아가고 있어.

아무것도 얻지 못할 때가 대부분이다.
우리를 싸우게 만든 이유도
가만히 들여다보면 별거 아닐 때가 많다.
『싸움에 관한 위대한 책』

한 마디도 지지 않고 조목조목 따지는 딸아이를 보고 있으려니 속에서 천불이 난다.

나는 참 많이 참았다고 생각했다. 온종일 빈둥거려도, 옷을 아무 데나 벗어 던져 버려도, 다이어트를 한다며 차려놓은 밥상을 물려놓고 침대에 누워 과자를 먹고 있어도 참았다. 산책을 제안하니 귀찮다고 건들지 말라던 아이가 친구 전화에 후다닥 나가는 모습 뒤로 마음속에 있던 말을 결국 내뱉고야 말았다.

"딱 너 같은 딸 낳아서 키워봐."

전혀 낯설지 않은 이 말을 나는 어디서 들었을까? 반백 살이 다 된 딸의 삶 구석구석을 여전히 걱정하는 엄마에게 들었을 것이다.

대부분의 싸움이 그러하겠지만 엄마와 딸의 다툼은 특별하지 않다. 심지어 다툼의 이유가 기억나지 않을 때도 종종 있다. 그러나 싸우는 그 순간만큼은 서로를 향해 날카롭게 날을 세운다.

그렇지만 결국 딸들은 서럽거나 분할 때, 배고프거나 아플 때, 방금 격렬하게 할퀸 엄마를 찾는다. 언제나 내 편인 나의 엄마를.

아무것도 얻지 못할 때가 대부분이다.
우리를 싸우게 만든 이유도
가만히 들여다보면 별거 아닐 때가 많다.

세상에 필요한 건, 바로 그런 너야.
너의 모습 그대로!

『세상에 필요한 건 너의 모습 그대로』

최근 초등학생들 사이에서 극단적 선택을 암시하는 자해 인증 사진이나 영상을 촬영하고 SNS에 올리는 것이 유행이라는 충격적인 뉴스를 접했다. 어린 초등학생들이 자신을 실패작이라고 말하거나 필요 없는 아이라고 말하는 것을 보고 무척 안타까웠다. 세상에 첫발을 내디딘 지 십몇 년밖에 되지 않은 아이들이 자신을 '실패작'이라고 말하며, 자신의 존재를 부정하고 비하하는 영상에 '좋아요'가 눌러지고 장난스러운 댓글이 줄을 잇는다.

나는 세상에 꼭 필요한 사람이다. 모두가 그렇다. 세상에 필요 없는 존재는 없다. 세상에 소중하지 않은 존재는 없다. 자신을 실패작이라고 말하는 아이들에게 내가 좋아하는 노래를 들려주고 싶다.

널 바꾸려고도, 아직은 널 정하지도 마. 그대로도 정말 훌륭해.
엄마 아빠가 서로 눈을 마주한 그 순간부터 넌
오래전부터 넌 가장 소중한 넌 이미 완전한 모습인걸.

('그대로도 아름다운 너에게', 옥상달빛)

세상에 필요한 건, 바로 그런 너야.
너의 모습 그대로!

해님이 눈을 다 몰아낼 때까지
겨울 내내 너를 기다려 줄게.
「아툭」

　어릴 때는 아주 작고 사소한 것들을 기다려도 행복했다. 청소년기에는 시험이 끝나 방학이 시작하기를 기다렸다. 대학 때는 가고 싶은 직장의 합격 소식을 기다렸다. 어른이 된 지금은 무엇을 기다릴까? 퇴근을, 보너스를, 휴가를 기다린다. 시간이 흐를수록 쉼과 힐링을 기다리는 걸 보니 삶이 고단한가 보다.

　기다린 것들을 쓰고 잠시 들여다본다. 모두 나만을 위한 기다림이었다. 나를 위함이 아니라 상대를 배려하기 위해 기다려본 적은 있는지 생각해본다. 아, 사랑하는 사람이 돌아오기를 기다려 보았구나!

　눈보라 치고 춥고 힘든 겨울 같은 그 긴긴 시간 속에서 그 사람이 돌아오길 기다리고 기다렸다. 하지만 흔히 사람들이 말하는 것처럼 첫사랑은 슬픔으로 끝났다. 돌아보니 마음 아팠지만, 그를 기다린 것이 내 인생에서 의미 있었다. 이제까지 다른 사람이 생각했던 그가 아니라 나와 그만의 관계에서 알게 된 그 사람의 아름다움을 새겨볼 수 있었다.

해님이 눈을 다 몰아낼 때까지
겨울 내내 너를 기다려 줄게.

우리는 다 다른 별에서 왔어.
그래서 모두 다 달라.
『다다다 다른 별 학교』

사람은 태어나서 생을 마감할 때까지 관계 속에서 자신을 본다. 아기 때는 잘 먹고, 자기만 해도 어른들은 기뻐하셨다. 어린이가 되면 부모님과 선생님의 기대가 조금씩 커진다. 말 잘 듣고 공부를 잘해야 이쁨을 받는다는 것을 알아간다. 청소년기에는 성적이 내 가치를 결정하는 것 같았다. 나를 표현하는 것들의 기준이 당시에 유행하는 옷과 신발, 친구들이 사용하는 학용품들이었다. 어떤 것이든 친구들과 결을 같이 해야 안정감과 만족감이 들었다.

관계 속에서 배운 것은 역할과 책임이었다. 그런데 여기에 '우리'는 있는데 '나'는 없다. 개인의 취향, 강점, 좋아하는 것들을 스스로에게 묻지도 않았고 깊게 생각해볼 시간도 없었다. 원래 다 다르다. 사람이 같을 수가 없다. 다른 것이 당연한데 사회적 기준 때문에 나를 그대로 받아들이기가 쉽지 않다. 내가 주변 사람들과 다를 때 주목받는 것이 싫고, 다른 것을 선택했을 때 두려움과 그 책임이 무섭다. 더 고민하지 말자. 내 모습을 그대로 드러내고 그대로 살아도 괜찮다. 다르다는 것을 겁내지 말자.

우리는 다 다른 별에서 왔어.
그래서 모두 다 달라.

그러니 매일 아침
부푼 마음으로 눈을 뜨세요.
『삶』

  산다는 게 쉽지 않다. 있는 힘을 다해 한고비 겨우 넘기면 또 다른 고비가 나타난다. 더 이상 남은 힘이 없는데 이전보다 더 큰 새로운 고비를 만나면 다시 일어날 용기가 나지 않는다.

  때로는 내가 가는 이 길이 맞는지, 이 길의 끝에는 무엇이 기다리고 있는지 몰라 혼란스럽다. 어디로 가야 할지가 분명할 때는 힘들어도 꾸역꾸역 앞으로 나아갈 수 있다. 하지만 내가 걷고 있는 길이 어디로 향하는지 모를 때는 그만 주저앉고 싶어진다.

  하지만 아무리 어렵고 힘든 시간도 언젠가는 지나가기 마련이다. 천천히 그리고 묵묵히 한 걸음 한 걸음 걸어 나가면 도저히 넘지 못할 것 같은 고비도 넘길 수 있다. 방황의 끝에서 목적지를 찾을 수도 있다.

  그러니 매일 아침 부푼 마음으로 눈을 뜨려 한다. 지금 겪고 있는 고통과 아픔은 잠시일 뿐이다. 삶은 변하기 마련이고 삶의 끝에는 아름다움이 기다리고 있을 것이다. 부푼 마음으로 눈을 뜨는 하루하루가 쌓여갈 때 삶이 더 아름다워지리라 믿는다.

그러니 매일 아침
부푼 마음으로 눈을 뜨세요.

삶의 모든 순간,
당신이 사랑받았다고 느꼈으면 좋겠어요.
『삶의 모든 색』

　죽음이 두려워 내게도 언젠가 죽음이 찾아온다는 사실을 애써 외면하며 산다. 그럼에도 죽음을 피할 수 없는 순간이 종종 찾아온다. 얼마 전 아버지 건강이 나빠졌다. 병원에서는 완치될 가능성도 크다고 했지만, 원 없이 살았기에 이제 죽어도 여한 없다는 아버지의 말에 아버지가 영원히 내 곁을 떠날 것 같아 두려웠다. 지금껏 주변 사람들의 죽음을 경험해왔지만, 나와는 먼 일처럼 느껴졌다. 하지만 이번에 아버지의 일을 겪고서 '내 죽음은 어떤 모습일까?' 생각하게 되었다.

　인간은 태어나 죽을 때까지 많은 이들을 만나고 함께 시간을 보낸다. 어린 시절 여름날 소나기를 맞으며 운동장에서 함께 공놀이를 하던 친구, 따뜻한 햇살이 온몸을 감싸듯이 항상 충만한 기운을 전해준 첫사랑, 무조건적인 사랑을 주는 나의 가족, 삶의 모든 순간 함께한 수많은 이들…. 그들에게 난 어떤 의미일까? 그들에게 난 사랑을 받고 있을까? 죽음을 앞두고 내 삶을 돌아보게 될 어느 날, 삶의 모든 순간, 내가 사랑받았다고 느끼면 좋겠다.

삶의 모든 순간,
당신이 사랑받았다고 느꼈으면 좋겠어요.

같이 가자.
달이 집으로 가는 길을 밝혀 줄 거야.

―

『코끼리에게 필요한 것은?』

그런 날이 있었다. 아름다운 풍경도, 책 속의 감동적인 문장도 위로가 되지 않는 날이 있었다. 슬픔으로 마음이 깊이 가라앉아 있던 나를 주변 사람들은 그냥 지나치지 못했다. "도움이 필요하면 언제든 얘기해. 내가 도울게", "아무것도 하지 않으면 상황은 더 안 좋아질 거야. 그러니 힘을 내야지." 그들의 걱정과 조언은 나에게 오히려 부담으로 다가왔고, 난 그 자리를 도망치듯 빠져나왔다.

그때 "같이 가자"라고 하며 한 친구가 따라나섰다. 우리는 아무 말 없이 달빛이 내린 밤길을 걸었다. 조용히 옆에 함께 걷는 누군가가 있다는 것이 큰 위로가 되었다. 슬픔과 우울의 늪에서 벗어나 스스로 다시 일어날 힘을 얻는 순간이었다.

실의에 빠진 사람에게 위로의 말보다는 옆에 함께 있어 주는 것만으로 도움이 될 때가 있다. 나도 밤하늘의 달빛처럼 잔잔한 눈빛으로 누군가의 옆에서 함께 걸어주는 그런 사람이 되고 싶다.

사랑이 널 기쁘게 한다면 그건 네가 무엇을 주어서도,
무엇을 돌려받아서도 아니야.
단지 지금, 사랑이 거기 있기 때문이지.
『사랑의 모양』

    사람들과의 관계에서 서운하고 속상한 마음이 들 때가 있다. 어느 책 제목처럼 혼자 잘해주고 상처받기도 한다. 사람들과의 관계뿐만 아니라 열정적으로 일한 결과를 다른 사람들이 알아봐 주지 않을 때 일할 의욕을 잃기도 한다. 그럴 때마다 내 안에 보상심리와 인정의 욕구가 있음을 알게 된다. 나는 내 욕구와 감정을 있는 그대로 인정하며 받아들이고 싶다.

    그러나 힘든 마음이 들 때 상대방의 반응과 눈에 보이는 결과에만 초점을 맞추면 부정적인 감정의 수렁에 더 깊이 빠지는 듯하다.

    내가 진정으로 원하는 것은 무엇이었는가?

    어떤 일을 계획하고 시작할 때의 초심은 무엇이었는가?

    내가 상대방을 위해 해 준 배려는 상대방도 원하는 것이었는가?

    내가 어떤 일을 하는 동안 느낀 기쁨과 행복은 무엇이었는가?

    관계는 주고받기가 아니다. 타인의 반응에 일희일비하기보다는 내가 느끼는 기쁨과 행복에 좀 더 초점을 맞추어 평정심을 되찾고 내 감정을 더욱 소중히 여기게 되기를 소망한다.

사랑이 널 기쁘게 한다면 그건 네가
무엇을 주어서도,
무엇을 돌려받아서도 아니야.
단지 지금, 사랑이 거기 있기 때문이지.

비 온 뒤의 땅처럼
봄의 어루만짐처럼
희망의 약속처럼
삶은 다시 향기로워져요.
「구름의 나날」

　힘든 상황이 생기면 나도 모르게 우울의 감정이 찾아오기도 하고 슬픈 마음과 함께 무기력함을 느끼기도 한다. 우울한 하루가 쌓이면서 평소 호기심과 의욕에 넘쳐서 무엇이든 열심히 하던 내 모습은 온데간데없고 무표정한 내 모습이 낯설게 느껴진다.

　그러나 삶이 롤러코스터와 같다고 생각하면 조금은 위안이 된다. 인생이 평탄하기만 하다면 좋겠지만, 구불구불한 길모퉁이를 돌아 펼쳐질 새로운 풍경에 희망을 품어보고 싶다.

　소나기가 그치면 구름이 걷히고 해가 뜨는 날이 올 것이다. 구름의 나날이 멈추고 다시 꽃을 피우는 날이 오리라 생각하며 잠시 그런 구름의 나날도 괜찮다고 스스로 위로해본다.

　백조가 물속에서 끊임없이 물질을 하듯이 나도 힘든 시간을 묵묵히 잘 견뎌내면 머리와 가슴 사이 어딘가에 꽃들이 피어나 삶이 더욱 향기로워질 거라고 믿기로 하자. 마음속에 구름이 꽃으로 변하기를 바라며 나에게 응원의 마음을 전하고 싶다.

비 온 뒤의 땅처럼
봄의 어루만짐처럼
희망의 약속처럼
삶은 다시 향기로워져요.

아침이 하얗게 밝아 오면, 나는 떠날 겁니다.
가벼운 마음으로, 자유롭게.
「오리건의 여행」

누구나 마음 한편에 간직한 꿈 하나는 있을 것이다. 그 꿈은 어린 시절부터 간절히 원했던 직업일 수도 있고, 이국적인 풍경 속에서 여유롭게 즐기는 혼자만의 휴가일 수도 있다.

나에게도 언젠가는 감성과 개성이 가득한 책방들을 온종일 탐험하고, 밤하늘의 영롱한 오로라를 만나러 세계 곳곳으로 여행을 떠나고 싶은 꿈이 있다. 그리고 몇 해 전부터 그림책 연구에 도전해 보고 싶은 마음도 생겼다. 시간이 흐르고 나이가 들어가며 현실의 벽에 부딪히고 바쁜 삶 탓에 내가 진정 원하는 것을 잊어버릴 때도 있지만, 마음속 깊이 간직한 꿈은 오랜 시간이 흘러도 사라지지 않고 있다.

아무것도 하지 않으면 아무 일도 일어나지 않는 법이다. 아무 노력도 하지 않으면 꿈은 꿈으로만 남을 것이다. 새롭게 나 자신을 돌아보고 조금씩 꿈을 현실로 만들며 진정한 나를 찾아보고 싶다. 아침이 밝아 오면 나만의 꿈을 향해 가벼운 마음으로 자유롭게 떠나 보라고, 내일의 나를 힘껏 응원할 것이다.

아침이 하얗게 밝아 오면,
나는 떠날 겁니다.
가벼운 마음으로, 자유롭게.

안녕, 엄마
고마워, 과거를 넘어줘서.
안녕, 딸
고마워, 미래를 선물해 줘서.
「안녕 나의 엄마」

엄마로 십삼 년째 살고 있다. 딸로서만 삼십 년 넘게 살다가 엄마로 살아보니 그제야 엄마를 조금은 이해할 수 있는 것 같다. 엄마에게 기대어 살다가 이제는 내가 엄마를 챙기기도 하고, 우리 딸이 엄마인 나보다 더 나를 챙기기도 한다. 우리 엄마도 딸이었던 때가 있었을 것이고, 우리 딸도 엄마일 때가 오리라.

그렇게 과거와 현재가, 현재와 미래가 이어져 있다. 엄마가 무수한 과거를 지나 낳아준 덕분에 나는 이 세상에 존재할 수 있다. 나 또한 수많은 과거를 넘어 이 세상에 딸을 낳았다. 내가 엄마의 꿈이자 미래였던 것처럼 이제는 딸이 나의 꿈이 되고 미래가 되었다.

나의 시간 속에 엄마가 있고 딸의 시간 속에 내가 있다. 엄마의 미래 속에 내가 있는 것처럼 내 미래 속에 딸이 있다. 과거를 넘어준 사랑하는 엄마에게 무한한 존경과 고마움을 느끼고, 희망 가득한 미래를 선물해주는 딸에게도 고마움을 전한다. 엄마가 내게 그런 것처럼, 내 삶이 딸에게 감사와 행복으로 남을 수 있기를.

안녕, 엄마
고마워, 과거를 넘어줘서.
안녕, 딸
고마워, 미래를 선물해 줘서.

지는 꽃잎엔 피어 있던 모습까지 다 담겨 있거든.
『벚꽃 한 송이』

봄을 화려하게 수놓던 벚꽃이 진다. 세상을 환하게 밝히자마자 순식간에 꽃잎들이 눈송이처럼 나풀나풀 떨어진다. 그 벚꽃 함박눈을 맞고 있으면 한겨울을 이기고 찬란하게 꽃을 피운 나무에게 느낀 무한한 감동이 감탄으로 변한다. 꽃잎 하나하나 피어날 때도 아름다웠지만, 지는 모습도 눈부시게 황홀하다. 지는 꽃잎에는 피어 있을 때의 아름다운 모습까지 담겨 있다.

꽃눈이 트고 점점 자라 아름다운 꽃을 피우는 모습이 우리가 태어나서 자라고 저마다의 삶을 행복하게 꽃피우는 것이라면, 만개한 꽃들이 순식간에 지는 모습은 한창때라 믿었던 삶이 어느 순간 시간의 터널을 지나 끝을 향해 바닥으로 추락하는 모습이 아닐까. 삶은 때로 기약 없이 갑작스레, 또는 비에 젖어 초라하게 지기도 한다. 낙화는 인간의 삶이 저무는 모습을 닮았다.

행복하게 살다가 아름답게 마무리하고 싶다. 화려했던 모습은 아니더라도 행복하게 지고 싶다.

지는 꽃잎엔 피어 있던 모습까지
다 담겨 있거든.

복잡하게 생각하지 말고
한 가지만 기억할 것.
『지혜로운 멧돼지가 되기 위한 지침서』

   마음이 복잡할 때가 있다. 힘이 들거나 일이 잘 풀리지 않을 때, 모든 걸 너무 복잡하게 생각하면서 이런저런 해석을 덧붙여 스트레스가 더 쌓이고 결국 문제도 해결하지 못할 때가 있다. 생각이 많을수록, 고민이 깊어질수록 근심과 걱정만 늘어날 뿐 정답에서는 점점 멀어지기도 한다. 머릿속이 너무 복잡하거나 마음속에 걱정을 쌓아두고는 절대 행복하게 살 수 없다.

   삶을 살아가는 지혜 중 하나는 너무 복잡하게 생각하지 않아야 한다는 것이다. 지나치게 복잡하게 생각하면 골치가 아픈 일들이 생겨난다. 최대한 단순하고 간단하게 생각하면 하고자 하는 일도 잘 풀리면서 오랫동안 고민했던 것들이 별일이 아니었다는 것을 깨닫게 된다. 걱정한다고 결과가 바뀌지는 않으니 그 에너지를 아껴서 좀 더 긍정적인 일에 쓰는 편이 낫다. 너무 많은 계획과 목표는 정리하고 최대한 단순하게 바꿔서 생긴 여유를 가지고 조금씩 삶을 더 풍요롭게 가꾸어 나가야겠다. Simple is the best!

복잡하게 생각하지 말고
한 가지만 기억할 것.

차근차근 반복해 온 하루 또 하루가
차곡차곡 모여서
오늘도 아름다운 하루를 만들 거예요.
「오늘은 오늘의 플리에부터」

 어릴 때 TV에서 기타를 아름답게 연주하는 장면을 보고 나도 기타를 배우고 싶었다. 그때는 기회가 없었지만, 어른이 되고 기회가 생겨 기타를 배우기 시작했다. 처음에는 어느 정도 배우면 나도 멋지게 한 곡을 연주할 수 있을 거라는 기대가 있었다. 하지만 두세 달이 넘도록 내가 연습한 것은 기본 코드법이었다. 계속 기본만 반복하니 재미도 없고 진도도 나가지 않는 것 같아서 포기하려던 그즈음, 드디어 그동안 연습한 코드들로 멋지게 한 곡을 연주할 수 있게 되었다. 그때의 뿌듯함은 말로 표현할 수 없다.
 하고 싶은 것을 배우는 과정 자체가 삶의 활력소가 되기도 하지만, 그 일의 진도가 생각만큼 나가지 않을 때 중간에 포기하는 경우가 있다. 지루한 연습의 반복이라고 생각했던 시간이 모여서 한 곡을 아름답게 연주할 수 있듯, 매일 똑같은 일상의 반복이라 생각했던 그 시간들이 차곡차곡 모여서 아름다운 하루가 만들어진다. 오늘도 나는 가장 쉽고 기본적인 것을 반복하면서 아름다운 하루를 만들기 위해 노력한다.

차근차근 반복해 온 하루 또 하루가
차곡차곡 모여서
오늘도 아름다운 하루를 만들 거예요.

이루지 못한 꿈도 많지만...
괜찮아. 작은 것에도 행복할 수 있다는 걸 배웠으니까.
「100 인생 그림책」

   며칠 전, 친구의 건강이 좋지 않다는 소식을 들었다. 준비하던 일들을 멈추고 치료에 전념하고 있다는 친구에게 엽서를 썼다. 처음에는 '우리 앞으로 꽃길만 걷자'라고 적었다가 '울퉁불퉁 자갈길에서도, 잘 몰라 헤매는 좁은 길에서도 꽃을 만날 수 있대. 잘 견뎌보자'라고 고쳐 썼다. 인생이 늘 꽃길이고, 꿈꾸는 대로 다 이뤄지면 얼마나 좋을까? 하지만 뜻하지 않은 병이 찾아올 때도 있고, 제아무리 노력해도 안 되는 것이 있다.

   어릴 때는 그걸 이해할 수 없어 억울했고, 꿈을 이루지 못한 내가 불쌍해서 울었다. 이제는 인생이 내 계획대로 흘러가지 않을 수 있음을 안다. 그래서 지금은 꿈을 이루는 순간보다 꿈을 이뤄가는 길에서 만난 다정한 이들과의 커피 한 잔, 내 볼을 스치는 바람과 맑은 하늘, 초록에서 노랑으로 변해가는 나뭇잎, 내 손을 꼭 잡은 아이의 손을 느끼며 천천히 걸어가는 것이 더 소중하다. 이루지 못한 꿈에 대한 아쉬움과 이별하고, 지금 여기에서 삶의 행복들을 만나며 살고 싶다.

이루지 못한 꿈도 많지만...
괜찮아. 작은 것에도 행복할 수 있다는 걸 배웠으니까.

아름답게 동트는 새벽은
별도 달도 잠든 깜깜한 밤을 지나 우리에게 온대.
『새벽이 오는 시간』

이십 대 때, 전기가 들어오지 않는 아프리카의 작은 마을로 봉사활동을 갔었다. 여러 관계로 힘들었던 어느 밤, 까만 어둠 속에서 "내가 어떻게 해야 할까?"를 나에게 묻고 또 물었다. 아무리 고민해도 답은 없어 보였다. 얼른 해가 떠서 이 고민이 끝나길 바랐다. 내가 이리저리 몸을 뒤척인 탓에 잠을 깬 룸메이트가 내게 이런 말을 해주었다. "아무리 노력해도 안 되는 게 있어. 네가 해를 뜨게 할 수 없듯이. 그냥 기다려봐. 시간의 흐름에 맡겨봐."

나는 내가 할 수 없는 일과 아직 닥치지 않은 일들은 미리 걱정하지 말고 기다려보기로 했다. 깜깜한 밤을 지나 밝은 해가 오듯이 시간을 피하지 않고 잘 견뎌내면 내게도 밝은 날이 올 거라 믿어보기로 했다. 그날 만난 새벽의 따스한 햇살은 긴 밤을 견딘 나에게 주는 선물 같았다. 행복한 순간이었다.

마흔을 넘긴 지금도 막막한 날들이 많다. 여전히 어둠 속에서 해가 뜨기를 기다리는 것은 어렵다. 하지만 해는 반드시 떠오른다는 것을 기억하며 오늘 하루도 정성껏 살아가려 한다.

아름답게 동트는 새벽은
별도 달도 잠든 깜깜한 밤을 지나
우리에게 온대.

너 자신의 꿈을 키우라고.
너 자신을 가장 행복하게 할 수 있는 것을 찾아
그것을 놓지 말라고.
「딸은 좋다」

딸이 태어났을 때, 손가락이 열 개, 발가락이 열 개 있다는 것에 감사했다. 딸이 생후 한 달 되었을 때, 나와 눈을 맞추고 해맑게 웃어주어서 행복했다. 딸이 두 달 되었을 때, 옹알이로 응답해줘서 행복했다. 딸이 처음 "엄마"하고 불렀을 때, 처음 걸었을 때, 처음 노래를 불렀을 때, 처음 그림을 그렸을 때, 처음 글씨를 읽었을 때, 처음 편지를 써 줬을 때…. 매 순간 감사하고 행복했다.

언제부터였을까! 딸의 존재에 감사하기보다는 조금 더 노력하기를 바랐고 조금 더 좋은 결과를 기대했다. 딸이 원하는 것을 응원하기보다는 내가 바라는 것을 강요했다. 어느 날부터 딸이 방문을 닫기 시작했고, 말수가 차츰 줄어들었다. 말로는 내려놓고 너의 행복을 찾으라고 했지만, 내려놓지 못하는 내 모습을 돌아보았다. 나의 불안과 욕심이 딸을 힘들게 하고 있다는 것을 깨달았다. 닫힌 방문을 안타깝게 바라보았다. 이제라도 늦지 않았기를 간절히 바라면서 딸에게 편지를 쓴다. '딸아! 너를 사랑한다. 내가 바라는 것보다는 네가 가장 행복할 수 있는 것을 찾기를 응원한다.'

너 자신의 꿈을 키우라고.
너 자신을 가장 행복하게
할 수 있는 것을 찾아
그것을 놓지 말라고.

따끈한 떡국 듬뿍 담아내는 마음은
내가 넉넉한 마음으로 자라기를 바라는 마음.
—

『떡국의 마음』

코로나19에 걸렸다. 손 큰 우리 엄마는 문 앞에 몸보신에 좋은 음식이 가득 담긴 큰 가방을 놓아두고 가셨다. 가방을 집에 들이려고 들었는데 꿈쩍하지 않아 두 손으로 겨우 끌어 현관에 들였다.

감사 인사를 드리고자 전화를 드렸건만 나도 모르게 뭘 또 이렇게 많이 주셨냐, 너무 많아서 다 못 먹는다, 남아서 버리게 되면 아깝다, 엄마도 힘든데 뭘 이렇게 많이 하셨냐며 투덜거리고 말았다.

그래도 엄마는 "잘 먹어야 낫는다. 건강이 최고다, 힘들어도 끼니 거르지 말고 꼭 잘 챙겨 먹어라, 억지로 다 먹지 않아도 된다, TV에 어떤 의사 선생님이 나와서 이야기하셨는데 ○○가 건강에 좋다더라, 너무 오래 지난 음식은 버리고 걱정 말고 먹어라" 하고 말씀하신다.

딸의 건강과 안녕을 바라는 엄마의 진한 사랑 한 그릇 뜨끈하게 먹고 몸을 추슬렀다. 자식에게 조금이라도 더 주고 싶은 마음, 한 손으로는 감히 들 수 없는 무게의 그 마음이 엄마의 마음이 아닐까.

진한 안개가 걷히길 기다리면,
곧바로
가장 아름다운 별밤을 바라볼 수 있다.

041

어디로든 어떻게든 내가 옆에 있을게
마음껏 울어도 돼

『도망가자 Run with me』

지나온 세월을 돌아보면 행복하고 감사한 순간도 있고, 고통스럽고 힘든 순간도 있다. 행복할 때 같이 기뻐해 주는 사람도 소중하지만, 고통스럽고 힘들 때 나에게 손을 내밀어 주고 따스한 눈빛으로 함께 해주는 친구들은 얼마나 소중한가!

'어려울 때 친구가 진짜 친구다'라는 말이 있다. 고통이 끝나지 않을 것처럼 느껴질 때 묵묵히 어깨를 내어주고 안쓰러운 눈으로 지켜봐 주는 친구들이 곁에 있어서 다시 일어날 힘을 얻는다. 한바탕 울고 '내일은 내일의 태양이 뜰 거야!'라고 생각하며 두 주먹 불끈 쥐고 다시 일어난다.

겉으로 보기에 다른 사람들의 삶은 아름답기만 한 것 같지만, 삶이란 게 어디 그리 쉽기만 할까. 그들도 각자 자기 삶의 무게를 견디면서, 그러면서 내게 곁을 내주고 온기로 보듬어 주는 것이다. 내 손을 잡아주면서 위로로 함께 해주는 것이다. 내가 어떠한 처지에 있어도 변함없이 옆에 있어 주는 친구들의 따스함에 힘입어 오늘도 씩씩하게 발걸음을 옮긴다.

어디로든 어떻게든 내가 옆에 있을게
마음껏 울어도 돼

042

가만히 있으면 아무 일도 일어나지 않는다.
위험도 없지만 발견도 없다.
『나는 화성 탐사 로봇 오퍼튜니티입니다』

'삶은 도전의 연속이다'라는 말이 있다. 매일 똑같은 하루가 반복되는 것 같지만, 그 속에서 다양한 일들이 생긴다. 늘 하던 일이야 큰 어려움 없이 하던 대로 할 수 있지만, 새로운 일이 생기면 어떻게 해야 할지 고민이 된다. '한 번 해볼까?' 하는 마음이 생기기도 했다가 '아니야, 지금도 바빠. 괜히 새로운 일을 시작했다가 후회할 게 분명해.' 하는 마음에 시도조차 하지 않기도 한다.

새로운 일을 맞닥뜨렸을 때 걱정이 앞서서 섣불리 시작하지 못하는 사람이 있다. 그래서 도전하는 사람을 보면 부러워하거나 도전하지 못하는 자신을 원망하기도 한다. 반면, 도전 정신이 있는 사람은 새로운 일이 생겼을 때, 일단 해볼 것이다. 설사 성공하지 못하고 실패하더라도 말이다. 실패한다고 해서 실패자가 되는 것은 아니다.

성공하지 못하더라도 한 걸음 내디뎌 보자. 그 과정에서 소소한 배움과 발견, 그리고 작은 성장이 나를 기다리고 있을지도 모른다.

가만히 있으면 아무 일도 일어나지 않는다.
위험도 없지만 발견도 없다.

043

괜찮아, 빨강아.
실수였다는 거 알아.

『괜찮아, 나의 두꺼비야』

살다 보면 의도하든 의도하지 않았든 실수할 때가 있다. 실수했다는 사실을 알게 되면 우선 내가 가장 괴롭다. 자신이 부끄러워지기도 하고, 변명하고 싶어지기도 한다. 실수를 저지른 나 자신을 받아들이는 데는 시간이 필요하다.

실수를 인정하는 것은 쉽지 않다. 더구나 내 실수로 피해를 입은 사람에게 사과하고 용서를 구하는 것은 더욱 쉽지 않다. 이때 필요한 것이 용기이다. 내 실수임을 인정하고 다시는 그런 일이 일어나지 않도록 노력할 것이라는 약속도 해야 한다. 그런데 사과했다고 해서 반드시 너그러운 이해나 용서가 돌아오는 것은 아니다. 그래도 한 사람이라도 나를 있는 그대로 받아들여 준다면 세상을 다 얻은 것 같다.

이 세상에 나를 지지하고 믿어주는 단 한 사람. 그 사람은 부모일 수도, 가족일 수도, 친한 친구일 수도, 심지어 나를 잘 알지 못하는 사람일 수도 있다. 내가 잘못을 저질렀을 때, 아무 말 없이 내게 따뜻한 시선을 보내는 사람이 있다면 힘겨워도 살아갈 수 있다.

괜찮아, 빨강아.
실수였다는 거 알아.

그 마음들이 네 마음을 도와줄 거야.
언제나 너를 도와줄 거야.

『마음의 집』

   기술의 발달로 시간과 공간의 제약을 받지 않고 다양한 모임에 참석할 수 있는 자유를 얻었다. 하지만 각종 모임이 넘쳐나면서 오히려 자신을 찾는 '홀로서기'를 위한 시간이 더욱 중요해졌다. 자기 자신에게 집중하지 않으면 내가 어떻게 살고 있는지, 무엇을 위해 살고 있는지 알아차리기 어렵다. 자신에게 온전히 집중하여 각자 '홀로서기'를 해낸 뒤에는 타인과 연결되기를 바란다.

   '홀로서기'와 '타인과의 연결' 이 두 가지는 서로 상관없는, 어쩌면 완전히 반대되는 것 같지만, 어느 하나가 없으면 온전해지기 어렵다. 온전한 '홀로서기'가 되지 않으면 건강한 '타인과의 연결'이 불가능하고, 건강한 '타인과의 연결' 없이는 온전한 '홀로서기'가 힘들기 때문이다.

   오늘도 온전한 '홀로서기'와 건강한 '타인과의 연결'을 하려 애쓰는 내게 내 주변의 여러 마음들이 말해준다. 이미 충분히 잘하고 있고, 함께 연결될 거라고.

그 마음들이 내 마음을 도와줄 거야.
언제나 너를 도와줄 거야.

> 정말로 아름다운 것은,
> 때로 우리가 보지 못하는 곳에 있어요.
>
> 「나」

대학교 다닐 때 MT를 가면 모두 퍼져서 늦잠 자는데, 꼭 새벽 일찍 일어나 화장을 단정히 하는 친구가 있었다. 가장 예쁘다는 말을 듣는 친구였는데, 친한 친구들에게도 맨얼굴을 보인 적이 한 번도 없을 정도여서 저렇게 외모에 민감할까 의아해하기도 했다.

그런데 언제부턴가, 화장을 하지 않고는 밖에 못 나가는 것을 보면, 흰 머리가 조금이라도 보일까 봐 꼬박꼬박 새치커버에, 뿌리염색을 하는 것을 보면, 매일 아침 옷을 입을 때마다 같은 옷을 자주 입지 않도록 신경 쓰는 것을 보면 나도 마찬가지라는 생각이 든다. 외모보다는 내면이 중요하다는 것도 알고, 또 그런 노력을 하든 안 하든 사람들이 크게 신경 쓰지 않는다는 것을 알면서도 말이다.

헬렌 켈러는 "세상에서 가장 아름답고 소중한 것은 보이거나 만져지지 않는다. 단지 가슴으로만 느낄 수 있다"라고 말했다. 보이는 것에 민감한 세상에 살고 있지만, 눈으로 보이는 것이 다가 아님을, 그 속, 그 너머에서 정말로 아름다운 것을 발견하는 오늘 하루가 되기를 바란다.

정말로 아름다운 것은,
때로 우리가 보지 못하는 곳에 있어요.

진한 안개가 걷히길 기다리면,
곧바로 가장 아름다운 별밤을 바라볼 수 있다.

『별이 빛나는 밤』

    시골에서 살던 어린 시절 한밤중에 마당에 나갔다가 밤하늘을 본 적이 있다. 별이 쏟아지는 까만 하늘을 바라보며 내가 우주로 빨려 들어가는 느낌이 들어 한참을 그대로 서 있었다.

    고등학교를 졸업하고 부모님을 떠나 도시에서 줄곧 살았다. 공부도 하고 친구들도 만나고 일도 하고 결혼도 하고 아이들도 낳았다. 새로운 가족을 만들고 바쁘게 살면서도 마음이 힘들어지면 시골로 향한다. 그리고 아무도 없는 깜깜한 마당에 서서 어린 시절처럼 별이 가득한 밤하늘을 바라본다. 가장 찬란하고, 가장 고요했던 그 어린 날의 별이 빛났던 밤은 아니지만, 그래도 내 마음에 드리운 진한 안개가 걷히는 듯한 기분이 든다.

    사람마다 정도의 차이는 있지만, 사춘기라 부르는 시기든 갱년기라 부르는 시기든 또 다른 어떤 시기든 사람들과의 관계에서 소통이 잘 이루어지지 않아 유달리 힘든 때가 있다. 가장 아름다운 별이 빛나던 밤을 떠올려보며 그 시기가 조용히 지나가고 다시 행복해지기를 바란다.

진한 안개가 걷히길 기다리면,
곧바로 가장 아름다운 별밤을
바라볼 수 있다.

괜찮아,
똑같이 할 수 없어도 괜찮아.
『다른 애들이랑 똑같이 할 수가 없어』

　조용하고 소극적인 사람은 다른 사람이 나를 어떻게 생각할지에 관심이 많다. 다른 사람의 판단에 집중하기 때문에 하고 싶은 말을 하지 못하고 눈치만 볼 때가 많다. 내가 잘하는 것이 있는데도 그것을 당당하게 여기기는커녕 다른 사람의 장점만을 부러워하고 확대 해석하기도 한다.

　"○○이가 부러워요. 저는 잘하는 게 없어요"라고 말하는 아이들이 종종 있다. 장점이 많은데도 자신에 대한 불만만을 말하는 걸 보면 안타까운 마음이 든다. 아이들이 자신을 믿고, 어떤 상황에서도 자신을 존중하는 마음을 잃지 않으면 좋겠다.

　다른 사람과 비교하거나 비교를 당해서 기분이 좋지 않을 때는 '똑같이 할 수 없어도 괜찮아'라고 주문을 외워보자. 마법처럼 마음이 느긋해질 것이다.

괜찮아.
똑같이 할 수 없어도 괜찮아.

048

가까이 있는 것을 찾기 위해
멀리 떠나야 할 때도 있다.

『보물』

  '당신에게 보물은 무엇인가요?'라는 질문에 자녀, 남편, 부모를 포함한 가족, 그다음으로 친구, 일, 책이라고 답한 설문 결과를 본 적이 있다. 내가 만나는 사람들, 하고 있는 일이나 취미 등, 자세히 보면 그 사람을 둘러싸고 있는 주변의 것들이다. 결국 나를 행복하게 하는 것은 건강한 신체, 편안한 인간관계, 새로운 것을 배워서 조금이라도 나아지려는 열린 마음이라고 할 수 있다.

  파울로 코엘료의 〈연금술사〉를 보면 주인공 산티아고는 보물을 계속 쫓아가라는 연금술사의 충고에 따라 여행을 시작한다. 그는 오랜 고생 끝에 마침내 보물을 찾게 되는데, 그 보물은 멀리 다른 곳에 있었던 것이 아니라 바로 자신이 머물렀던 장소에 있었다. 가까이 있는 것을 찾기 위해 멀리 떠나야 했던 것이다.

  낯선 곳을 여행하면서 겪는 고난과 깨우침은 우리를 더욱 겸손하게 만들고, 늘 곁에 있는 사소한 것들에 대한 소중함을 알게 한다. 여행 후 달라진 것은 주변이 아니라 바로 나 자신이기 때문이다.

가까이 있는 것을 찾기 위해
멀리 떠나야 할 때도 있다.

> 내가 아직 오지도 않은 때를
> 생각하고 미리 시들어 있었네.

『지금이 딱 좋아』

어르신들과 독서 모임을 했다. 모임을 가며 이런저런 걱정이 좀 있었다. '눈이 침침하신데 책을 잘 읽어내실까?'라는 생각부터 '대화가 이어지지 않고 너무 짧게 끝나버리면 어떡하지?' 아니면 '자신의 이야기에 너무 빠져서 다른 사람의 얘기는 듣지 않고 계속 말씀하시면 어떡하지?' 까지. 시작도 전에 머리가 복잡했다.

사실 나도 이제 슬슬 나이가 들면서 새로운 업무가 맡겨지거나 첨단 IT 기기 앞에서는 작아지기 일쑤다. 그러면서 '언제까지 이 일을 할 수 있을까?'라는 걱정과 초조함, 그리고 그것을 들키고 싶지 않은 마음이 있었던 것이 사실이다.

하지만 걱정은 모두 기우였다. 비가 오는 궂은 날씨에도 다들 예쁘게 차려입으시고, 마치 손주에게 읽어주는 것처럼 어찌나 맛깔나게 책을 잘 읽어주시는지….

"난 오늘만 행복하면 됩니다!"라는 어느 어르신의 말씀처럼 벌어지지도 않은 일들에 미리부터 걱정하지 말자. 그리고 오늘만 행복하자.

내가 아직 오지도 않은 때를
생각하고 미리 시들어 있었네.

> 그대라는 빛.
> 당신은 빛나고 있어요.
>
> 『당신은 빛나고 있어요』

  SNS에 비치는 다른 사람들의 삶을 들여다보면 어찌나 행복하고 기쁜 일이 많은지 참 신기하다. 다른 사람들은 모두 반짝반짝 빛나는 스포트라이트를 받는 듯이 매 순간을 행복하게 사는데, 나만 그렇게 못 살고 있는 건 아닌가 하고 착각하게 만든다.

  SNS 세상에는 해외여행, 맛집 탐방, 명품 등 특별한 순간, 특별한 물건으로만 가득한 것 같은데, 내 삶은 지극히 평범하게 반복되는 일들뿐이다. 해외여행보다는 동네 산책이, 맛집보다는 집밥이, 특별한 일탈보다는 각자의 역할과 일을 하는 것이 익숙한 삶, 반짝이는 스포트라이트로 순간순간 주목받지는 못하지만 형광등처럼 묵묵하고 꾸준히 자신의 자리에서 자신의 역할을 감당해내는 삶도 참 좋다.

  각각 자신을 충실히 빛내느라 수고한 우리의 삶을 응원하며 서로에게 이 말을 전하고 싶다. 수고했어요, 오늘도.

그대라는 빛.
당신은 빛나고 있어요.

왜 울어?
따뜻해서.
—

『눈아이』

30년 지기 친구들을 만나 1박 2일 시간을 보내기로 한 오늘은 아침부터 마음이 분주하다. 먹고 사는 일에 바빠 SNS로만 서로의 안부를 전해 듣다가 직접 얼굴을 보는 것이 몇 년 만인지 헤아리기도 힘들다.

　한여름 따갑게 내리쬐는 햇살을 뚫고 숙소로 친구들이 하나둘씩 모인다. 이제 다들 아줌마가 된 친구들은 모임을 계획하고 숙소를 잡는 등 모든 잡다한 일을 한 내게 칭찬은커녕 들어오면서부터 저마다 한마디씩 잔소리부터 한다. 그런데 이상하게 그 잔소리가 싫지 않다. 아니 오히려 웃음만 나왔다.

　더운 날 숙소 밖으로 한 발짝도 나갈 수 없다는 핑계로 배달 음식을 잔뜩 늘어놓고 우리의 수다는 밤새는 줄을 모르고 이어졌다. 그렇게 새벽 어스름 잠든 친구들을 보니 괜히 마음 한편이 찡해왔다. 비록 외모는 세월을 비켜 가지 못했지만, 아직도 여전한 입담에 한편으로는 마음이 놓인다. 행복했다. 건강하자, 친구들아. 그래서 수다가 고플 때 이렇게 다시 만나자.

어려운 고민도, 결정에 대한 책임도 다 내 몫이에요.
『우리가 케이크를 먹는 방법』

몇 해 전 받은 건강검진에서 이상 소견이 있어 2차 검진까지 받았다. 의사는 가족과 상의해 수술을 할 것인지 결정하라고 했다. 여러 가지를 고려하여 수술하지 않기로 했다. 이후 일을 많이 하거나 피곤하면 피로감이 몰려올 때가 있다. 그럴 때 수술해야 한다고 선택해주지 않은 의사를 원망하는 나를 발견한다. 그때 수술하라고 했더라면 지금 이렇게 피곤하지 않을 텐데 하는 막연한 생각을 하며 의사를 원망하며 서운해하는 나를 알아차리게 된다.

천주교 신자인 나는 주일마다 미사를 드리며 오른손 주먹으로 가슴을 세 번 치며 "내 탓이오! 내 탓이오! 내 탓이로소이다"라고 한다. 이 미사 제문은 내게 형식적으로 하는 의식일 뿐이었다. 내가 한 고민과 결정에 대해 정말 내 탓이라고 생각하는가 하는 의문이 생긴다. 머리로는 내 탓이라고 해야 나에게 책임이 부과되고 나만 변하면 되니까 제일 쉬울 것 같다. 그런데 가슴으로 진심으로 내 탓으로 여기는지 의문이다. 다른 사람, 환경을 탓하며 원망하는 나를 알아차리고 오늘도 부끄러워하며 반성한다.

어려운 고민도, 결정에 대한 책임도
다 내 몫이에요.

하지만 나는 삶이 빠르게 흘러가도록
내버려 두지는 않을 거예요.

『토요일의 기차』

   한 주가 시작하자마자 기다렸던 주말도 눈 깜짝할 사이 일요일 밤이 되어 버리고, 새로 시작한 이번 달도 한 일도 없이 훌쩍 지나가 버렸다. 손꼽아 기다린 여름휴가도 기간이 길든 짧든 다녀오고 나면 짐 정리와 함께 순식간에 사라지며 다시 일상을 마주하게 된다. 하루하루는 느린 것 같은데 지나고 나면 시간이 듬성듬성 사라진 것 같다. 삶은 늘 빠르게 흘러가 버린다.

   삶의 시간은 누구에게나 똑같을 텐데 점점 더 빠르게 흘러간다고 느껴지는 것은 왜일까? 오늘 이 순간 좀 더 천천히 내 삶을 음미할 수 있는 방법은 무엇일까? 주변의 작은 길을 산책하고, 좋아하는 음악을 한 곡 들어보자. 주변 사람들과 맛있는 음식을 나눠 먹어도 좋을 것이다. 순간의 소소한 행복을 찾아 그것을 기억할 수 있게 추억의 매듭을 지어 놓아야겠다. 그러면서 내가 지금 하고 싶은 일을 더 생각해보고 나이 들어서 '그때 해야 했는데, 안 했구나'라고 후회하지 않도록 꾸준히 시도해보아야겠다.

하지만 나는 삶이 빠르게 흘러가도록
내버려 두지는 않을 거예요.

초록색 여름마다,
나도 풀처럼,
맘껏 자라나겠지.
나의 여름이 오겠지.

『수수바의 여름 마당에서』

    시멘트와 작은 돌이 깔려 있는 앞마당과 작은 텃밭이 있는 집에 살고 있다. 마당을 관리하는 것은 늘 아버지의 몫이었기에 나는 깨끗한 밭에 채소를 심을 때나 수확을 할 때만 잠깐 거들 뿐이었다.

    올해는 아버지가 몸이 약해지셔서 여름의 마당이 오롯이 내 일이 되었다. 봄에 심은 감자를 캔 빈자리에 풀이 자라는 속도는 내가 뽑아내는 속도보다 더 빨랐다. 거기에 비도 자주 오니 흙이 있는 곳뿐만 아니라 마당 곳곳에 풀이 가득하다. 두세 번 뽑고 나서는 거침없이 자라는 여름의 풀들을 이겨낼 수 없어 바라만 보았다.

    그러면서 '나는 어느 시절 저렇게 거침없이 자라본 적이 있었을까?' 하는 생각을 해본다. 어른이 된 듯 스스로 결정하고 싶었던 대학 신입생 때, 첫 월급을 받아 내 생활을 시작했을 때, 부모가 되어 아이를 키우며 쑥쑥 자라는 나의 여름을 보냈을 것이다. 지금도 새롭게 배우거나 하고 싶은 것이 있을 때마다 힘차게 자라는 나를 만난다. 매해 돌아오는 여름처럼 내 삶에서도 나를 쑥쑥 자라게 하는 힘이 가득한 여름을 자주 만나고 싶다.

초록색 여름마다,
나도 풀처럼,
맘껏 자라나겠지.
나의 여름이 오겠지.

어떤 벽은 다른 이들이 만들어 놓지만
대부분은 네 스스로 만들게 돼.

『빨간 벽』

두려움은 어른이 되면 저절로 없어지는 줄 알았다. 어릴 때는 시험 치는 게 두려웠고, 부모님께 혼나는 게 두려웠다. 크면서 어릴 적 두려움은 많이 사라졌지만, 새로운 두려움이 생겨 그림자처럼 따라다닌다. 거절당할까 봐 두렵고, 실패할까 봐 두렵다.

벽돌을 한 장 한 장 쌓아 올린 벽처럼 두려운 마음으로 쌓은 마음의 벽은 높고 견고하다. 그 벽 안에서 상처받기 싫은 마음을 감춘다. 마음의 벽을 쌓으면 마음은 상처를 덜 입지만 같은 자리를 맴돌게 된다.

그 벽에 갇혀 질문한다. 어떻게 하면 두려운 마음의 벽 너머로 갈 수 있을까? 내 두려움이 어디에서 왔는지 스스로 질문을 하며 찾아 나설 때 용기라는 파랑새가 나에게 온다. 그 파랑새가 두려움을 바라볼 힘을 준다. 용기란 두려움이 없는 상태가 아니라 그 두려움을 정면으로 바라보는 것이다. 두려움을 정면으로 바라볼 때 내가 가진 두려움의 벽은 다른 이들이 만들어놓기도 하지만, 대부분은 나 스스로 만들었다는 것을 알게 된다.

어떤 벽은 다른 이들이 만들어 놓지만
대부분은 내 스스로 만들게 돼.

내 가시 덕분에 파티가 더욱 즐거워졌어.
이제 더 이상 내 뾰족한 가시를 싫어하지 않을 거야.
왜냐하면….
나는 고슴도치니까!

『가시가 없다면』

지나온 시간을 돌이켜 보면 나 자신이 다른 사람들과 비교되었던 순간들이 있다. 그럴 때면 나 자신이 한없이 초라해지고 나 자신을 사랑하지 못하였다.

학창 시절 소심한 성격 탓에 친구 사귀기가 무엇보다 어려웠다. 어른이 될 때까지 이런 성격을 나의 단점이라 생각하고 자신감 넘치는 사람들을 부러워했다. 그러나 그 단점은 어른이 되어 새로운 사람을 만날 때 사람을 더욱 깊이 보는 눈을 만들어주었다. 단점도 장점이 될 수 있다는 것을 알게 된 순간 나는 더이상 다른 사람과 나를 비교하지 않게 되었다. 그리고 '나 자신' 그대로를 받아들이고 사랑하게 되었다.

고슴도치의 뾰족한 가시가 언제나 단점이기만 하는 것은 아니다. 잘 들여다보면 뾰족하다는 단점이 장점이 되는 순간들도 있다. 나도 마찬가지였다. 단점이 있더라도 나 자신을 있는 그대로 받아들이고 사랑해 주기로 결심했다. 왜냐하면… 나는 있는 그대로 가치가 있는 나 자신이니까 말이다.

내 가시 덕분에 파티가 더욱 즐거워졌어.
이제 더 이상 내 뾰족한 가시를
싫어하지 않을 거야.
왜냐하면….
나는 고슴도치니까!

우리 모두의 마음속에는
나무가 자라고 있다는 걸요.

『내 안에 나무』

희노애락애오욕. 우리 마음에 생겼다가 사라지는 여러 마음의 순간들이다. 좋은 마음들, 행복한 마음들만 있으면 얼마나 좋을까. 하지만 슬프고 노엽고 근심 어린 마음들이 행복한 마음보다 더 많은 것 같다. 하루에 하는 오만가지 생각 중 팔 할은 부정적인 생각들이 아닐까 싶다. 내 마음 속에서 부정적인 감정들이 요동칠 때는 마음이 훅 꺾이는 기분이다. 당장 오늘을 살아갈 힘조차 없어서 숨 쉬고 있는 이 순간도 벅차는 지점이 온다.

지나가다 가만히 한 나무를 오래 관찰한 적이 있다. 바람이 불면 휘청휘청 나뭇가지가 요란하게 움직였다. 그러다 바람이 멈추면 햇살에 나뭇잎이 반짝였고, 새들이 찾아들기도 했다. 뿌리는 두텁게 땅 위로 올라와 그런 나무를 지지하고 있었다.

그 순간, 내 마음 속에도 나무가 자라고 있음을 느꼈다. 태풍을 맞을 때도 있고 잎이 우수수 떨어질 때도 있지만, 튼튼한 뿌리가 여전히 내 마음 속 나무를 지탱하고 있다. 내 마음 속에 뿌리 깊은 나무를 믿고 오늘도 흔들리며 열심히 살아가 본다.

우리 모두의 마음속에는
나무가 자라고 있다는 걸요.

괜찮아!
마음은 샘물 같아서
얼마든지 퐁퐁퐁 솟아난단다!

「마음이 퐁퐁퐁」

살아가면서 수 없이 마음을 빼앗긴다. 영화, 그림, 노래, 자연풍경, 동물, 책 그리고 사람에게도 그러하다. 빼앗기기도 하지만 내가 마음을 주기도 한다. 내가 사랑하고 관심을 가지는 모든 것에 마음을 주는 것이다. 태어나 부모님께 마음을 주고, 자라서 사랑하는 이에게 마음을 주며, 부모가 되면 내 아이에게 온 마음을 준다. 그것이 사물이든 사람이든 동물이든 마음을 주고받고 살아간다.

마음을 주고 또 주다 보면 내 마음이 텅 비어 버리는 순간이 온다. 돌려받기 위해 준 것은 아니나, 일방적으로 주는 관계는 이 세상에 없다. 내가 준 마음과 같은 크기의 마음이 오기도 하지만, 때로는 그보다 훨씬 미치지 못하거나 아예 받지 못할 때도 있다. 마음이 채워지지 않아 공허하고 나만 주는 것에 억울해지면 슬픔, 속상함 등으로 마음을 채운다.

내 마음이 텅 빌 것이 두려워 마음주기를 주저하지 말고, 내가 좋아하는 모든 대상에게 마음을 나눠주며 살아가야겠다. 마음은 샘물처럼 또 퐁퐁퐁 솟아날 테니까.

괜찮아!
마음은 샘물 같아서
얼마든지 퐁퐁퐁 솟아난단다!

나한테도 70%의 비밀이 있어요.
그건 바로,
별처럼 반짝반짝 빛나는 가능성이에요.

『70%의 비밀』

지구의 30%는 육지이다. 숲의 30%는 거름이 될 수 있는 건강하지 못한 나무이다. 음식 맛의 30%는 입으로 알 수 있다. 나머지 70%는 무엇일까? 지구의 70%는 바다이고, 숲의 70%는 건강한 나무이며, 음식 맛의 70%는 시각, 후각, 분위기로 느낄 수 있다.

지구의 70%인 바다가 환경을 알맞게 조절해주듯 우리 몸의 70%인 물도 사람의 몸을 건강하게 지켜준다. 나는 고작 30%의 능력으로 아등바등 살아가고 있다. 70%는 고사하고 절반도 발휘하지 못한다. 아니 재능이 얼마나 있는지도 모르겠다. 열심히 노력하지만 채워지는 건 너무 어렵다.

나는 잘하는 게 별로 없다. 그래서 남과 비교하고 스스로 가혹하게 몰아붙이거나 비난하기도 한다. 그러고 나면 오히려 자존감이 떨어져서 무슨 일을 하든 불안함에 싸인다. 아무리 잘하려고 해도 잘되지 않는다.

남들보다 못한 나에게 70%의 가능성이 있다고 믿어보면 어떨까? 결국 나를 일으키는 것은 스스로에 대한 믿음이니까 말이다.

나한테도 70%의 비밀이 있어요.
그건 바로,
별처럼 반짝반짝 빛나는 가능성이에요.

난 나에게 말해 주었어요.
"나! 좀 멋져."

『나 좀 멋져』

    자신이 더없이 초라해 보일 때가 있다. 남들은 다 잘 사는 것 같은데 나는 늘 헤매고 뒤처져 있다는 생각에 두려움이 든다. 반복하는 실수와 약한 정신력은 나 자신에 대한 비난으로 이어지고, 혹독한 자기 평가 속에서 괴롭다.

    과연 나는 그렇게 비난받아야 하는 사람일까? 힘든 상황에도 삶을 굳건히 지켜나가는 자랑스러운 '내'가 있다. 나이가 들면서 직장에서 치이고, 건강은 조금씩 나빠져 가며, 연로한 부모님을 돌보는 상황을 맞게 되었다. 녹록지 않은 현실이지만, 고군분투하며 일상을 놓치지 않으려 노력한다. 몸이 아프다고, 상황이 힘들다고 많은 것을 포기하면 내 삶에 대한 예의가 아니라고 생각하기 때문이다.

    이렇게 애쓴 나 자신에게 인정해주는 말, 응원을 건네보고 싶다. 지금까지 충분히 수고했다고. 얼마나 최선을 다했는지 다 아니까 안심해도 된다고. 자기 자신을 충분히 아끼고 사랑으로 대할 때 비로소 삶은 가치로워지는 것 같다. 앞으로 나에게 자주 말해주고 싶다. "너는 잘하고 있어. 진짜 멋져!"

난 나에게 말해 주었어요.
"나! 좀 멋져."

좋아하는 것들이 하나둘 떠올랐어.
너무 자연스러워서, 좋아하는 줄도 모르고
당연하게 해 왔던 것들.

「중요한 문제」

    때때로 크고 작은 이유로 평범한 것들을 놓친다. 일상을 살아가는 게 쉬워 보이지만, 인생의 여러 고비를 겪다 보면 이것이 얼마나 귀한 일인지 깨닫게 된다. 내가 마시는 커피 한잔도, 즐겨 보는 텔레비전 프로그램도 당연히 누릴 수 있는 것이 아니다.

    과연 삶의 여정에서 내가 지키고 싶은 것은 무엇일까? 좋아하는 것들을 하나, 둘 떠올려 본다. 풀 냄새 섞인 여름밤 공기, 강아지를 쓰다듬을 때의 보드라운 감촉, 음악을 들으며 느끼는 전율, 가족의 이야기 소리… 돌이켜 보면 이런 일상이 평범하지만, 나에게는 제일 소중했다.

    내 삶을 풍성하게 해주는 것은 이렇게 내가 좋아하는 일들이다. 인생에서 중요한 건 원대한 목표를 이뤄내는 일이 아니라, 일상에서 소소히 즐거움을 향유하는 것 아닐까? 중요한 문제에 몰두하느라 놓친 삶의 순간들을 기억하며 조금 더 내려놓을 수 있기를 바란다. 비우고 현재를 영위하는 삶이 되길 바란다.

좋아하는 것들이 하나둘 떠올랐어.
너무 자연스러워서, 좋아하는 줄도 모르고
당연하게 해 왔던 것들.

그래서… 내가 먼저 말해 버리기로 했다.
"나랑 같이 놀래?"
—

『알사탕』

아이가 초등학교에 입학했다. 그런데 쉬는 시간에 친구와 놀지 않고 책만 읽는다는 것을 우연히 알게 되었다. 책을 좋아하기는 하지만 친구를 사귀지 못해서일지 모른다는 생각이 들었다.

걱정이 되어 아침마다 아이에게 미션을 주었다. 2~3명의 친구에게 "나랑 같이 놀래?" 먼저 말을 거는 것이었다. 미션에 성공하면 칭찬을 해주며 문방구에 가서 아이가 좋아하는 것을 사줬다. 생각보다 미션을 잘 수행한 아이는 2주 정도 지났을 때부터 친구가 점차 많아졌다. 이후 아이는 친구를 사귀는 방법 중 하나는 먼저 말을 건네는 것임을 알게 되었다.

친해지고 싶은 사람이 있거나, 마음에 있는 말을 하고 싶을 때 먼저 말을 건네는 것이 어려울 수 있다. 어색하기도 하고, 용기가 나지 않기도 하고, 무슨 말을 어떻게 해야 할지 몰라 머뭇거리는 내 마음을 읽고 상대가 먼저 말을 걸어와 준다면 좋겠지만, 상대방은 내 마음을 모르는 경우가 많다. 그럴 때 가벼운 마음으로 내가 먼저 말을 걸어본다.

"나랑 같이 놀래?"

빛을 따라 앞으로 나아갔더니
어둠이 더는 그렇게 두렵지 않았다.
『인생이라는 이름의 영화관』

    어릴 적에 불을 끄면 무서워서 잠들지 못했다. 부모님께서 이제는 다 컸으니 불을 끄고 자라고 하시면 무서움에 떼를 썼고 그때마다 어머님께서 머리맡에서 한참 동안 이야기를 들려주시곤 했다.

    두려움은 두려움을 먹고 자란다. 두려움은 그것을 느끼는 사람에게만 힘을 발휘한다. 두려움의 무게를 점차 줄여나가려면 그 실체를 피하지 않고 천천히 다가가야 한다.

    두려움의 실체를 피하지 않고 담담하게 맞서려면 '용기'가 필요하다. 용기는 실패하는 법을 배우는 힘이다. 자신에 대한 희망과 믿음이 있을 때, 두려움에 맞설 용기가 생긴다. 두려움에 맞설 용기를 주는 이가 누구인지 떠올려본다. 어떤 두려움이 와도 무릅쓰고 용기를 낼 수 있는 이름, 바로 가족이다. 부모는 자식을 위해 어떤 어려움도 견뎌내고, 아무 이유 없이 무조건 자녀의 편이 되어 든든한 울타리가 되어 준다. 자녀는 부모의 오롯한 사랑으로 조금씩 성장해나간다. 오고 가는 따뜻한 시선과 대화로 서로에게 빛이 되는 또 다른 오늘이 되기를 소망해본다.

빛을 따라 앞으로 나아갔더니
어둠이 더는 그렇게 두렵지 않았다.

> 시간은 얼굴이야.
> 해마다 조금씩 조금씩 변해가는.

『시간은 꽃이야』

쓰던 컴퓨터에 저장 공간이 부족해지면서 파일들을 정리하게 되었다. 그간 불필요하게 저장해놓은 것들을 휴지통에 넣고 비우기를 반복하였다. 그러다 아이의 사진이 차곡차곡 정리된 폴더를 열어보게 되었다. 이제는 훌쩍 커 버린 아이의 어린 시절 사진을 보니, 한 장 한 장 들어있는 기억과 추억이 소환되었다.

아이의 모습은 지금도 엄마인 내 눈엔 변함없이 예쁘게만 보인다. 아이 얼굴 옆에 있는 나를 들여다보게 된다. 세월의 선물을 오롯이 받은 얼굴이다. '나이 마흔이 넘으면 자기 얼굴에 책임을 져야 한다'라는 말이 있다. 나이가 들면 그 사람의 살아온 삶이 얼굴에 나타난다는 의미일 것이다.

나는 다른 사람에게 어떤 얼굴로 보일까? 다른 이들은 나를 어떤 모습으로 떠올릴지 궁금해진다. 내 아이가 보고 자라는 부모의 얼굴로, 주변 사람들에게는 신뢰와 믿음을 주는 좋은 어른의 모습으로, 오늘도 나는 내 얼굴에 책임을 지기 위해 거울 속 나에게 격려와 응원의 미소를 지어본다.

시간은 얼굴이야.
해마다 조금씩 조금씩 변해가는.

"파도는 모래에 부서지면 어떻게 되나요?"
"바다에 스며들어 새로운 파도를 만들지."

『바람이 멈출 때』

　바다는 마음의 평화를 준다. 소란스럽고 바쁜 도시를 벗어나 그곳에 가면 걱정이 사라지는 기분이 든다. 드넓은 바다의 푸른빛을 바라보며 파도 소리를 듣고 있으면, 내가 작은 존재라는 사실을 깨닫게 된다. 불안한 마음도 조금씩 가라앉는다.

　지금까지 살면서 가장 힘들었던 때는 한 해에 부모님을 모두 떠나보낸 후였다. 슬픔에 빠져있다 보니 몸도 여기저기 아파서 일을 멈출 수밖에 없었다. 바다와 산을 자주 찾아다녔다. 다양한 모습으로 변화하는 자연을 가까이하며 괴로운 마음이 조금씩 줄어들었다.

　그동안 자책감과 후회로 괴로웠지만, 이제 더 이상 과거의 시간에 매여 있어서는 안 된다는 생각이 든다. 부모님께서 내가 힘들어하는 모습을 보신다면 어떤 말씀을 하실까? 눈을 감고 아버지의 모습을 떠올려본다. 예전처럼 나를 향해 웃으시며 말씀하실 것 같다. "고맙다."

"파도는 모래에 부서지면 어떻게 되나요?"
"바다에 스며들어 새로운 파도를 만들지."

그냥 중요하기만 한 것은
굉장한 일이라고 할 수 없어!

『뿌리 깊은 나무들의 정원』

누가 뭐라 말하든 자기가 옳다고, 가치 있다고 믿는 일, 그저 좋아하는 일에 열심인 사람들이 있다. 부와 명예, 권력과 거리가 멀지만 이런 일에 열심인 사람들은 일 자체에 만족하며 행복해한다. 자신만의 '굉장한 일'을 발견한 사람들이다.

사람마다 자신만의 굉장한 일을 씨앗처럼 품고 있지만, 모두가 싹을 틔우지는 못한다. 굉장한 일은 다른 이의 강요나 시선에 따라 중요한 것들에 뒤로 밀리기 십상이기 때문이다. 좋은 대학, 좋은 집, 좋은 차, 좋은 직업, 좋은 배우자… 대부분의 사람이 중요하다고 생각하는 것들이다. 중요하기에 스스로나 자녀들이나 주변 사람들에게 강요하기도 한다.

중요한 일들에 둘러싸인 상황에서 나만의 굉장한 일을 싹 틔우고 그 일을 해나가는 데는 많은 용기가 필요하다. 다른 사람들의 비난과 배척, 혐오를 겪게 될 수도 있기 때문이다. 그러나 결국 우리를 헛헛한 마음에서 구해주는 것은 굉장한 일이다. 그러니 내면에 귀 기울이고, 이제라도 나만의 '굉장한 일'에 용기를 내어보자.

그냥 중요하기만 한 것은
굉장한 일이라고 할 수 없어!

아팠던 가시에서도 꽃이 피어난다.
『나의 가시』

누군가의 말 한마디나 서늘한 눈빛 때문에 종종 상처받는다. 예기치 못한 시련에 고통의 시간을 겪기도 한다. 그런 상처와 시련은 내 마음속 가시 선인장이 되어 나를 아프게 한다. 가시의 뾰족한 끝이 자꾸만 나를 찌르기 때문이다. 마음의 상처를 모르는 척 내버려 두면 더 큰 아픔이 되어 나를 집어삼킨다.

아픔이 너무 커져 꺼내기 힘들어지기 전에 아픔을 직면하고 밖으로 꺼내야 한다. 아픔을 꺼내놓고 따뜻한 온기를 나눠줄 수 있는 주변 사람들의 손을 붙잡는 용기가 필요하다. 때론 내 아픔을 꺼내어 보여주는 것으로도 다른 사람에게 위로가 되기도 한다. 아픈 마음을 충분히 애도하고 토닥토닥하는 위로의 시간이 필요하다.

그렇게 아픔을 이겨내고 상처가 아물면 아팠던 가시에서도 꽃이 피어난다. 아팠던 가시에 꽃을 피워본 사람은 어떠한 시련이 와도 결국 가시에서 꽃이 필 거라는 희망을 놓지 않을 것이다. 나를 아프게 했던 가시 선인장을 밖으로 꺼내고 아팠던 가시에 꽃을 피우는 사람으로 살아가고 싶다.

아팠던 가시에서도 꽃이 피어난다.

기억만이 사랑하는 존재를
영원히 살게 한다는 말이 있지.

「잘 가」

만남은 헤어짐이 예정되어 있고 삶은 죽음을 향해 간다. 죽음이라는 필연적 헤어짐은 누구도 피할 수 없다는 것을 너무도 잘 안다. 하지만 사랑하는 친구나 가족의 죽음을 겪을 때마다 깊은 슬픔에 빠진다. 상실감과 애도의 감정은 여러 번 경험해도 전혀 익숙해지지 않기 때문이다.

최근 사랑하는 가족을 먼저 보내는 아픔을 겪었다. 사랑하는 존재가 이별의 준비도 없이 어느 날 갑자기 사라지는 것은 말로 표현할 수 없을 정도로 고통스럽다. 상실의 슬픔을 달래며 여전히 하루하루를 살아내고 있다. 나는 죽음 이후의 세상이 있다고 믿고 싶다. 존재하는 방식이 달라졌을 뿐. 언젠가 만날 수 있을 거라는 기대를 통해 상실에 대한 위안을 받고 싶다.

수목장에는 계절에 상관없이 항상 꽃이 피어있다. 뜨거운 태양에도 거친 비바람에도 지지 않고 피어있다. 먼저 떠난 이를 잊지 않고 그리워하는 사람들의 슬픈 눈물로 피어나는 꽃들이다. 사랑하는 존재를 기억하는 이들의 눈물로 오늘도 지지 않고 피어있다.

기억만이 사랑하는 존재를
영원히 살게 한다는 말이 있지.

어느 하나 반짝이지 않은 것이 없었습니다.
모두 소중한 시간이었습니다.

『빨간 장갑』

날씨가 서늘해지면 몸이 먼저 느끼고 주변의 온기를 찾게 된다. 계절이 가을로 겨울로 변하고 있다. 계절의 변화에 따라 몸에서 먼저 반응이 나타나듯 마음도 그렇게 반응한다.

간절히 원하는 것이 사라지면 마음에 한기가 스며든다. 그 한기를 느끼고 싶지 않아서 발버둥 치다가 주변을 둘러보며 사람이든 물건이든 내게 따뜻한 온기를 줄 것을 찾는다. 그동안 애쓴 시간들을 포기하기엔 아깝고 야속해서 놓지 못하는지도 모른다.

반대로 간절히 원하던 것을 이루었을 때도 마찬가지다. 행복이란 감정은 순간과 찰나와 같아서 확 피어오르다가 휙 사라진다. 그 뒤엔 허전함과 공허함만 남는다.

성공을 했든 실패를 했든, 지나온 시간들은 원하는 것을 얻기 위해 매 순간 열심히 살았다는 증거다. 지나온 시간은 내 삶에서 어느 것 하나 소중하지 않은 시간이 없다. 물이 끓어오르려면 $100°C$에 이를 때까지 $1°C$씩 차곡차곡 쌓여야 하듯 말이다. 현재의 내 모습은 그동안 매 순간 열심히 노력한 나의 모습이 쌓인 결과다.

어느 하나 반짝이지 않은 것이 없었습니다.
모두 소중한 시간이었습니다.

나란히 나란히 함께 서서
추운 겨울 참아 내는
우리는 벚꽃이야.

「우리는 벚꽃이야」

어느 해 봄 진해로 벚꽃을 보러 갔다. 도착해서 밤에 핀 벚꽃을 보았는데 얼마나 황홀했는지 모른다. 작지만 예쁜 여좌천 양쪽으로 오래된 벚나무가 즐비하고, 흐드러진 나뭇가지에서 연분홍 꽃잎이 바람에 흩날리고 있었다. 아침에 경화역으로 갈 때는 봄비가 보슬보슬 내려 바닥은 벚꽃잎으로 한가득이었다.

그렇게 예쁜 꽃을 보여주기 위해 벚나무는 겨울의 시린 바람과 매서운 추위를 묵묵히 이겨냈을 것이다. 그리고 그 옆에는 다른 벚나무들이 추운 겨울을 더불어 보냈을 것이다. 겨울을 함께한 후 동시에 꽃이 피고 지기 때문에 벚꽃은 더욱 아름다운 것 같다.

나란히 서서 추운 겨울을 같이 참아내고 예쁜 꽃을 피우는 벚꽃처럼 우리 부부도 여러 해 함께 힘든 시기를 같이 이겨내고 서로를 지켜냈다. 서로 묵묵히 옆을 지켜주었고 이제는 서로 힘이 되는 사이가 되었다. 그리고 이제는 봄에 만발한 벚꽃잎처럼 다른 사람에게 좋은 영향을 주는 사람으로 성장하길, 어른다운 어른이 되길 소망해본다.

나란히 나란히 함께 서서
추운 겨울 참아 내는
우리는 벚꽃이야.

감사한 것이 참 많아요.
바로 여기, 이 순간에도 말이에요.
모든 순간이 특별하죠.
「스파크」

어렵고 힘든 일을 만나면 어떻게 해야 할지 몰라 힘듦의 무게가 더 크게 느껴질 때가 많았다. 딱히 믿는 종교는 없으나 백일기도를 드리는 마음으로 감사 일기를 써오고 있다.

정말 힘이 들 때는 감사의 대상을 찾고 감사의 마음을 갖는다는 것이 쉬운 일은 아니었다. 그래도 작고 소소한 일에서 감사할 것을 쥐어 짜내어서라도, 찾고 또 찾아내어 감사의 마음을 일으키고 품다 보니 내 안에서 크고 작은 변화가 일어났다. 감사를 하는 것에는, 내 마음을 편안하게 만들어주고 고요하게 해주면서 웅크렸던 마음도 자연스럽게 풀어지게 하는 힘이 있음을 느꼈다. 일상에서 감사한 것 찾기를 반복할수록 내가 내 편이 되게 하는 힘도 강해짐을 느낀다. 긍정적인 감정이 긍정의 선택을 하게 하고, 결국은 더 나은 삶을 살아가게 하는 힘을 만들어준다는 믿음이 생겼다.

나는 앞으로도 계속 감사하며 살아갈 것이다. 그러면서 내 안의 행복도 크고 깊게 만들어갈 것이다.

감사한 것이 참 많아요.
바로 여기, 이 순간에도 말이에요.
모든 순간이 특별하죠.

까마득한 우주, 찬란하게 빛나는 별,
때마침 태어나고 때를 마치고 사라져도 모두가 반짝거려.
『때마침』

    나는 어떤 일을 할 때면 늘 시간에 쫓기면서 해결하는 편이다. 하는 일이 해마다 비슷한 흐름과 과정이 반복되는 편이기 때문에 미리 시작해서 마무리하면 훨씬 여유로울 텐데 그렇지 못한 자신을 압박하면서도 쉽게 바뀌지 않는 고약한 습관이 있다. 그런 중에도 아슬아슬하게 때를 맞춰가는 긴장감을 즐길 때도 있다. 또 때를 맞췄다는 데서 오는 안도감이 더 크게 느껴지기도 한다.

    나는 '때마침'이라는 단어가 참 좋다. 때를 맞춘다는 것은 일에서 뿐만이 아니라 생명이 있는 모든 삶의 순간에서 해야 하는 과제나 목표를 이루어 내었다고 느껴지기 때문이다. 살아있는 것이 소중하고 살아간다는 것만으로도 아름답겠지만 그 생이 다했다 해도 의미가 있다고 생각한다. 우리 모두는 수없이 많은 이야기를 품고 살아가는 별이기에 쓸모없는 탄생과 죽음은 없다는 의미이다.

    나는 별이다. 밝고 맑고 찬란하게 빛나는 별이다. 나의 빛을 오롯이 밝히며 살다가 아름다운 마침을 하고 싶은 꿈을 품고 살아간다.

까마득한 우주, 찬란하게 빛나는 별,
때마침 태어나고 때를 마치고 사라져도
모두가 반짝거려.

토끼는 테일러의 이야기를
가만히 들어주었어.
—

『가만히 들어주었어』

가끔 어떤 일을 열심히 했는데 맨 마지막 완성단계에서 나의 의지와 관련 없이 다른 힘에 의해 무참히 부서지는 경우가 있다. 또는 가족이나 소중한 사람과 이별해야 하는 일이 있다. 이런 상황에서 우리는 좌절하게 된다. 이 상황에서 진정으로 필요한 것은 곁을 내어주고 공감해주는 누군가이다.

 가만히 옆에 있어 주는 것만으로도 치유되고 용기를 얻게 된다. 감정적으로 감당할 수 없는 큰 일을 겪게 되면 그 어떤 이야기나 위로의 말도 들리지 않는다. 다만, 잡아주는 손 하나 눈빛 하나로 치유되는 경험을 하게 된다. 슬픔과 좌절에서 벗어나는 것은 스스로 해야 하지만, 스스로 하려면 용기가 필요하다. 용기를 내는 것은 충분히 공감을 받을 때 가능해진다.

 가만히 들어주는 것은 진정한 공감이다. 공감은 그 사람의 감정을 판단하지 않고 들어주는 것이다. 공감을 해주는 사람이 곁에 한 명만 있다면 좌절했던 사람도 용기를 내서 다음 단계로 나아갈 수 있고 새롭게 도전할 수 있다. 견딜 수 없는 좌절을 느낄 때 옆에 있었던 누군가의 따뜻한 체온으로 인해 나는 오늘도 도전하고 용기를 낸다.

다양한 색깔의 사람과 함께한다는 건
얼마나 기쁜 일인가!

『장벽』

    나의 MBTI 성격 유형은 ESFJ다. 사람들을 만나면 먼저 말 거는 것을 어려워하지 않는 외향형(E), 현재 주변을 잘 인식하는 감각형(S), 마음이 이끄는 대로 가기 쉬운 감정형(F), 꼼꼼하게 미리 계획하는 판단형(J)이라고 설명할 수 있다. 친선도모형으로 친절하게 봉사하는 사람들로 불린다.

    에너지 방향이 내향형인 조용한 사람이 외향형인 나를 보면 시끄럽다고 한다. 사물을 감각형으로 인식하는 나는 현재 경험을 중시하기 때문에 미래지향적인 직관형과 함께 일하면 숲을 보는 안목이 길러진다. 나는 사람과의 관계에 관심을 두는 감정형이라 가끔 객관적으로 판단하는 게 어렵다. 이럴 때는 사고형이 논리적이고 분석적인 판단을 돕는다. 선호하는 삶의 패턴이 판단형인 나는 여행을 떠나기도 전에 준비하면서 지칠 때가 있다. 반면, 인식형인 사람은 무작정 길을 떠나지만 상황에 따라 융통성 있게 여행을 하는 덕분에 예상치 못한 재미를 느낀다. 나와 다른 색깔의 사람과 함께한다는 건 우리가 누릴 수 있는 또 하나의 기쁨이다.

다양한 색깔의 사람과 함께한다는 건
얼마나 기쁜 일인가!

시간이 새겨 놓은 지혜들.
긴 시간이 지났어도 그 빛은 변하지 않아.

『산책 Promenade』

어릴 적, 책을 참 좋아했었다. 첫 시작은 엄마가 사주셨던 몇 권의 그림책이었다. 지금 생각해보면 유아용 한글 학습 교재에 가까웠지만, 그 속에서 새로운 세상을 만났다.

어렴풋이 책 읽는 기쁨을 느낄 무렵, 『플란더스의 개』를 읽게 되었다. 버려진 개 파트라슈와 네로의 이야기는 금세 나를 사로잡았고 네로에게 닥친 죽음이 너무도 안타깝고 마음 아팠다. 마지막 페이지를 눈물로 흠뻑 적셨던 그날 이후 책은 내 친구가 되었다. 시공을 초월한 지식과 지혜를 담은 책과 함께 있다는 것, 그 자체로 더없이 행복했다.

툇마루에 걸터앉아 시간 가는 줄 모르고 책을 읽던 아이는 이제 머리가 희끗희끗해졌다. 바쁘게 사느라 예전만큼 책 속에 오래 머물지도 못하고, 특별한 삶의 깨달음을 얻었다고 말하기도 어렵다. 하지만 여전히 책을 사랑하고, 책에서 삶을 배우며 조금씩 성장하고 있다. 책을 읽는다는 것, 그것은 시공을 초월한 여행이며 산책이다. 오늘도 한 권의 책과 함께 두근두근 새로운 설렘을 준비한다.

시간이 새겨 놓은 지혜들.
긴 시간이 지났어도 그 빛은 변하지 않아.

나의 소박한 삶이여, 나는 너를 많이 사랑했단다.
너는 나를 밀어뜨려 다리를 절게 하고 힘든 시간을 주었지만
나는 너를 정말로 사랑했어.

「자코미누스」

내가 사랑하는 것은 무엇일까? 하늘과 햇살과 바람, 아이들의 웃음, 한 권의 책! 소소한 일상의 기쁨은 나를 충만하게 한다. 참으로 감사한 일이다. 하지만 사랑하는 사람이 곁에 없다면 모든 것은 생기를 잃는다. 삶은 가족과 친구들, 사랑하는 사람들과 함께일 때 비로소 빛을 발하기 때문이다.

함께 한 사람들을 떠올려본다. 삶이 나를 힘들게 할 때 곁에 있어 준 사람들! 생각만으로도 마음이 따뜻해지는 사람들이 많다. 그들을 더 많이 배려하고 사랑했어야 했지만, 내 상처를 돌보느라 미처 살피지 못한 적도 많았다. 서툰 발걸음으로 비틀거림을 거듭했던 시간들이었다.

긴 세월이 흐른 지금에서야 삶의 비밀을 조금은 알 것만 같다. 삶은 사랑의 길을 함께 걷는 여정이라는 것을….

내 곁에 있는 이들에게 먼저 손을 내밀어야겠다. 정답게 함께 걸으며 마음껏 사랑해야겠다. 먼 훗날, 내 삶을 돌아보며 온 마음으로 사랑했기에 충분히 행복한 삶이었다고 말할 수 있기를 바란다.

나의 소박한 삶이여,
나는 너를 많이 사랑했단다.
너는 나를 밀어뜨려 다리를 절게 하고
힘든 시간을 주었지만
나는 너를 정말로 사랑했어.

색이 있든 없든, 원래 색이 바뀌든 없어지든,
모두 한 가지 색이든 다 다른 색이든 괜찮아요.
『색깔의 비밀』

지금 나의 색은 무슨 색일까를 생각하게 된다. 그러면서 꼭 색을 정해야 하는가라는 의문을 늘 가지고 있다.

사람들은 자기 색을 표현하지 못하면 이상하다거나 개성이 없다고 생각한다. 심지어 자기 색을 기준으로 타인의 색을 평가하기도 한다. 어떤 색이든 그 자체로 존중받아야 하는데, 나와 다른 색깔이라고 문제 삼고 타인의 존재를 부정한다. 사람들이 생각하는 자신의 색은 세상에 존재하는 생명의 수만큼 많다.

어떤 색을 가졌든 사람은 그 존재 그대로 가치가 있고 소중하지 않은가. 내가 원하는 색을 가질 수도 있고, 그렇지 않고 다른 색을 갖게 될 수도 있다. 색이 나와 다르다고 부정한다면 세상에 색을 가진 모든 것이 부정되어야 한다. 그 색을 부정하는 나도 부정당해야 한다. 어떻게 보면 이것 또한 폭력이다. 세상에 존재하는 것들만큼 존재하는 색깔을 그대로 바라봐 주고 응원해준다면 세상의 색깔은 섞여서 아름답고 고유한 색 그대로 아름답게 되지 않을까. 나와 다른 당신이 가지고 있는 색깔의 비밀만큼이나 말이다.

색이 있든 없든, 원래 색이 바뀌든 없어지든,
모두 한 가지 색이든 다 다른 색이든 괜찮아요.

사람은 누구나 마음속에
나무 한 그루를 가지고 있다.
『커다란 나무 같은 사람』

유년 시절, 옥상에 오르려면 시멘트로 주변이 메워진 감나무 하나를 지나가야 했다. 수형은 볼품없었지만, 감나무는 늘 그 자리에 있었다. 가을이 되면 부모님은 긴 작대기를 이리저리 휘저으며 감을 따셨다. 푸른색이 도는 감을 밥통에 담아 단맛이 올라오도록 익혔다. 숙성의 시간을 거쳐야 진정한 단맛을 볼 수 있는데, 나는 서둘러 감을 내어 먹다 예기치 못한 떫은맛에 진저리를 쳤다.

감나무에서 떨어진 잎사귀는 동생과 소꿉놀이에서 쟁반이 되었다. 그리고 감나무는 벌에게는 꽃가루를, 개미에게는 먹이 길을, 매미에게는 울음 터를, 사람에겐 그늘을 내어 주었다. 감나무는 당연한 듯 이 모든 것을 내어 주었다.

나무는 난 자리를 탓하지 않는다. 나무는 온전히 서 있는 채로, 묵묵히 주어진 환경에서 주변과 어울리며 시련을 이겨내고 조화로운 삶을 이어간다. 내 마음에는 어떤 나무가 자라고 있을까? 내 안에 나무를 생각해본다. 그 나무는 내가 지칠 때마다 나를 품어주며 넉넉한 안식이 되어 줄 것이다.

사람은 누구나 마음속에
나무 한 그루를 가지고 있다.

순간들이 흩어지고 멈춘다.
그제야 기억 속 친구가 보인다.
「너였구나」

   한여름 무더위를 피하려고 찾아간 계곡에서 우연히 산딸기 군락을 발견했다. 반가움을 느끼는 동시에 순간의 궤적이 과거로 되돌아간다.

   중학교 시절, 토요일 오전 수업이 끝나면 친구와 나는 버스를 타지 않고 터벅터벅 걸어서 집으로 갔다. 그러다 발견한 산딸기의 영롱한 붉은 빛에 환호하며 경쟁하듯 서로 손을 뻗었다. 한 움큼 쥐어 입안 가득 머금기도 하고, 한 알씩 입안에 굴려 가며 터지는 알갱이의 간지러움을 참으며 익살스럽게 웃기도 했다.

   소소한 일상도 시간이 흐르면 추억이라는 이름으로 기억된다. 모든 것에 익숙하다 싶다가도 오늘이 무의미하다 느껴질 때가 있다. 잠시 친구와 이유 없이 걷던, 이유 없이 웃던 그때를 떠올려본다. 붉은빛의 열매처럼 아무것도 아닌 것에도 함께 즐겁게 빛나던 찬란한 순간을 되새겨 본다. 오늘의 평범한 일상도 언젠가는 다시 들춰보게 될 추억으로 기억될 것이다.

순간들이 흩어지고 멈춘다.
그제야 기억 속 친구가 보인다.

많이 배우는 것도 중요하지만
배운 대로 사는 게 더 중요하단다.
『빛과 먹선 이야기』

'와장창창~' 샹들리에가 떨어졌다. 그 아래에서 바둑 삼매경에 빠져 있던 아들의 생사가 걸린 일촉즉발의 순간, 나는 소리를 지르며 용수철처럼 거실로 뛰쳐나갔다. 아들은 깨어져 뾰족하게 주저앉은 샹들리에에서 불과 두어 발 거리에 서서, 눈을 땡그랗게 뜬 채 얼어 있었다. 그야말로 하늘이 도왔다.

그날 아들은 학교에서 돌아오자마자 다리바둑판에만 매달려 있었다. 나는 몇 차례에 걸쳐 '이제 그만하고 숙제부터 하자'라고 말했다. 사건은 아들이 막 바둑판을 정리하고 일어나 자기 방으로 걸음을 옮긴 직후였다. 샹들리에에 부딪혀 움푹 파인 바둑판을 본 순간, '1초만 늦었더라면…' 하는 생각에 정신이 아찔했다.

삶 속에서 실천하는 공부가 진정한 배움이라고 한다. 당시 아들은 '부모님 말씀에 잘 따라야 한다'고 배운 것을 일상생활에서 실행한 덕분에 무사할 수 있었다. 대형 사고를 막아준 그때의 경험은 실천적 지식이 기적이 되는 산 체험이었다. 생활 속에서 체화되는 참된 공부가 확산되기를 기대한다.

많이 배우는 것도 중요하지만
배운 대로 사는 게 더 중요하단다.

사랑은…
하지만 때로는 아무런 것도 바라지 않고…
누군가를 위해 길고 느린 시간을 쓰는 것이기도 해요.
「사랑은」

"나의 죽음을 ○○에게 알리지 마라."

병원에 계시던 내내 고3 손주를 걱정하시던 엄마의 유언! 수능 전에는 생을 달리하더라도 아들에게는 알리지 말라셨다. 엄마는 결국 그해 추석에 돌아가셨다. 모두가 반갑게 가족들을 만나는 날, 슬픔 속에서 엄마를 하늘나라로 보내드렸다. 수능 이후 뒤늦게 사실을 알게 된 아들은 믿을 수 없다는 표정으로 가슴을 움켜쥐었다.

시간을 주는 것은 생명을 주는 일이라고 한다. 내리사랑이 본능이라지만, 반복되는 일상에서 기꺼이 자신의 시간을 쓰고 견디는 일은 결코 당연한 게 아니다. 그런데 그 사랑이 지루한 일상에 스토리를 입혀 삶을 아름답게 한다.

시간에도 무게가 있어, 한 아이의 우주였던 윗세대는 세월의 흐름 속에서 작아진다. 그러면서도 그들은 거대한 존재라는 유산을 선물로 남긴다. 생의 마지막에 신의 이름으로 아이들을 축복하는 모습은 작은 거인의 아우라 그 자체다. 그 사랑은 다음 세대가 삶을 멋지게 살아내게 만드는 자양분이 된다. 참 아름다운 유산이다.

사랑은 …
하지만 때로는 아무런 것도 바라지 않고
누군가를 위해 길고 느린 시간을
쓰는 것이기도 해요.

바로 지금, 가장 좋은 순간이에요.
우리에게 있는, 우리 모두의 순간들이요.
『좋은 순간에...』

　인생에서 가장 좋은 순간은 언제일까?
　내 인생에서 가장 좋은 순간은 지금은 아닐 거라며 추후의 더 나아진 나는 분명 더 좋은 순간을 누리며 살고 있으리라 생각하며 살았던 적이 있었다. 현재를 희생하며 그토록 희망했던 그 순간을 성취했을 때, 그 순간을 온전히 누릴 수가 없었다. 오히려 나는 알 수 없는 허무함과 새로운 문제들로 괴로워하고 있었다.
　그제야 현재를 희생하며 미래를 준비하기만 했던 나의 젊고 싱그러웠던 시절이 후회로 밀려왔다. 뒤늦게 처절하게 깨닫게 되었다. '아, 그때 그 순간들이 좋은 순간이었어.'
　원하는 것이 지금 당장 준비되지 않아도, 앞으로 헤쳐 나갈 것이 많게만 느껴져도 지금 이 순간을 충분히 누릴 수 있다. 지금의 내 삶에서 좋은 순간을 찾을 수 있다는 믿음과 그런 순간을 찾으려는 마음가짐만 있다면 말이다.

바로 지금, 가장 좋은 순간이에요.
우리에게 있는, 우리 모두의 순간들이요.

이게 너의 감정들이야.
색깔이 모두 달라.
쉽게 알 수 있도록 차곡차곡 잘 정리해야 해.
『컬러 몬스터』

    때로는 감당이 안 될 만큼 어려운 순간이 오기도 하고, 엄청난 기쁨의 순간이 오기도 한다. 평범한 나날을 보내다 이처럼 감정의 큰 폭이 오고 가는 사건을 만나면 머릿속이 뒤엉켜 엉망진창이 된다. 특히 감당하기 어려울 만큼 힘든 순간을 만날 때 더 심해진다.

    이럴 때 가장 먼저 해야 할 것은 내 감정의 색깔을 구분해보는 일이다. 보통 감정이 엉켜있으면 눈물만 흐르고 몸과 마음이 경직되어 상황을 받아들일 수도, 감당할 수도 없게 된다. 이럴 때 내 마음을 잠잠히 들여다보고 지금 내가 화가 난 건지, 슬픈 건지, 두려운 건지, 무서운 건지, 실망한 건지 알아차리는 것이 중요하다.

    내 감정의 색깔이 무엇인지 알아차리면, 그래서 내가 무엇이 중요했기 때문에 이런 색깔이 되었는지를 생각할 수가 있다. 그 순간에 나에게 정말 중요한 것이 무엇인지 알기 위해서는 먼저 내 감정의 색깔을 잘 정리하고 구분해야 한다.

이게 너의 감정들이야.
색깔이 모두 달라.
쉽게 알 수 있도록 차곡차곡
잘 정리해야 해.

너와 함께 하는 이 여름은
하나도 잊고 싶지 않은
매일매일 아까운 맛.
—

『여름맛』

여름은 참 매력적인 계절이다. 강렬한 햇빛이 살아있는 모든 것에게 삶의 에너지를 준다. 논에서 자라던 모는 이제 제법 키가 자라 벼의 모양새를 갖춘다. 밭에서 자라는 각종 작물도 맛있는 열매를 맺고, 과수원의 달콤한 과일은 이 계절에 가장 빛을 발한다. 태풍에 고개를 숙이기도 하지만 잘 버텨내고 그 덕분에 가을은 풍성해진다.

인생에서의 여름은 청춘이다. 활기가 넘치고 다양한 경험을 하면서 몸도 자라고 마음도 자란다. 인간관계에서 때로 실수도 하지만, 실수를 바탕으로 한 뼘 한 뼘 성장하고 그에 맞게 성취도 이룬다. 그 덕분에 어른다운 어른으로 성장할 수 있다.

때때로 나의 청춘을 되돌아보면 힘들기도 했으나 빛나는 계절이었다. 젊음으로 빛나기도 했지만, 관계 때문에 더욱 빛이 났다. 지금의 나를 든든히 지켜주고 마음을 주고받을 수 있는 친구와 나의 반려자. 그들과 함께했던 청춘은 정말 '하나도 잊고 싶지 않은 매일매일 아까운 여름의 맛'이다.

이름 없이 피어도
모두 다 꽃이야.

081

우리는 존재 자체만으로도
고귀한 선물이에요.

『감사해요』

감사하는 마음은 삶을 변화시킨다. 아침에 눈을 떠 새 하루를 시작하는 것에 감사하고, 좋은 사람들을 만나 함께 일할 수 있음에 감사하며, 사랑하는 가족이 있음에 감사하는 사람은 주변을 소중히 여기며 자신도 소중히 여길 줄 알게 된다. 오랜 옛 친구를 만날 수 있음에 감사하고, 맛있는 것을 먹을 수 있음에 감사하며, 건강하게 하루를 마칠 수 있음에 감사하는 마음은 하루하루를 충실하게 살게 하고 더 나은 자신을 만들기 위해 노력하게 한다.

'왜 나만 이런 일이 생기는 걸까?', '왜 내가 하려고 하면 잘 안 되는 걸까?' '내 편은 없는 걸까?' 나에게만 안 좋은 일이 일어나는 것 같은 생각과 나만 피해 보고 있는 것 같다는 생각은 지치게 하고 삶의 의욕을 잃게 만든다.

생각은 나를 변화시킬 수 있다. 내 주변의 사람들과 주변에서 일어나는 일들에 감사하며 하루를 보내면, 내가 이 세상에 있다는 것만으로도 감사하게 생각되어 지금의 삶이 소중해질 것이다.

우리는 존재 자체만으로도
고귀한 선물이에요.

나만의 속도가 중요하다는 것을 이제는 알아.
『나는 너는』

    육상과 수영은 속도가 중요한 경기이다. 특히 100m 달리기 같은 단거리 경주에서는 처음부터 빨리 출발하여 계속 빠른 속도를 유지하는 것이 중요하다. 하지만 1,000m 이상의 장거리 경주에서는 무조건 빠른 속도를 유지해서는 우승은커녕 완주조차 힘들 수 있다. 주변 선수들의 페이스에 휘말리지 않고 자신의 속도를 조절하고 유지하는 것이 중요하다.

    '인생은 마라톤'이라는 말이 있듯이 삶은 장거리 경주와 비슷하다. 옆의 사람이 빠른 속도로 무언가를 이루는 것 같아 불안해서 함께 빠른 속도로 가다 보면 어느 순간 지쳐서 포기하게 된다.

    '빨리빨리! 조금 더 서둘러!'라는 말을 많이 듣는다. 자신에게 하는 채찍질도 있지만 부모에게, 직장 상사에게, 친구에게도 많이 듣는 말이다. 빠르게 하다 보면 실수하게 되고, 자신이 잘하고 있는지, 맞는 방향으로 가는지, 내가 행복한지도 생각하기 힘들다.

    조금 느려도 괜찮다. 나만의 속도를 찾고 내가 하고 싶은 것을 하면서 내 삶의 속도대로 살아가자.

나만의 속도가 중요하다는 것을
이제는 알아.

그래, 너도 씨앗이야.
꽃을 품은 씨앗

『너는 어떤 씨앗이니』

1교시가 끝나갈 즈음에 등교하여 책상에 엎드린 채 오전 시간을 보내는 우리 반 한 아이, 공부하자고 깨우면 폭포처럼 욕설을 쏟아낸다. 어느 날에는 재미있는 걸 배우면서 깨우지 않았다며 화를 내고, 어느 날에는 배우고 싶지 않은 걸 가르친다며 화를 낸다. 그러다가도 어떤 날에는 셀 수 없이 많은 질문과 이야기를 풀어낸다.

25년간 수많은 아이를 만나며 나름 내공을 쌓았다고 생각했는데, 그 아이 앞에서 와르르 무너졌다. 아이의 행동에 어찌해야 할지 몰라 동동거리기도 하고 분노가 치밀어 오르는 내 모습에 실망도 했다. 폭풍우처럼 분노가 지나간 자리를 한 발 떨어져서 바라봤다. 교사이기 이전에 한 인간이기에 실수할 수 있다고, 어떤 감정도 괜찮은 것이라고 내 마음을 살펴주었다. 오늘도 아이를 가르치려고 안간힘을 쓰는 나에게 작은 위로의 말을 건넨다.

'지금 다 고쳐주지 않아도 괜찮아. 아이 안에 있는 씨앗이 어떤 꽃을 피울지 따뜻한 호기심으로 바라보자. 언젠가 그 아이도 자기만의 멋진 꽃을 피울 테니까.'

그래, 너도 씨앗이야.
꽃을 품은 씨앗

모든 일에는 끝이 있다고 생각해.

『끝의 아름다움』

 나와 아이들에게 언덕이 되어 주셨던 아버님이 며칠 전 이 세상 소풍을 끝내고 새로운 곳으로 여행을 떠나셨다. 이 땅에서 많은 제자를 길러낸 스승이셨고 한 가정을 성실히 이끈 가장이셨다. 혼자서 두 아이를 키우는 며느리를 말없이 응원해주는 든든한 후원군이셨으며, 아이들에게는 샘물 같은 사랑을 주는 할아버지셨다.

 위독하시다는 연락을 받고 병원으로 달려갔다. 코로나19 탓에 면회 준비에 30분이 넘게 걸렸지만, 정작 면회 시간은 단 10분이었다. 그 짧은 시간이 마지막일 수도 있다는 걸 알았지만, 아무런 말도 하지 못했다. 장갑을 낀 채 아버님의 손을 잡고 쌕쌕거리는 숨결만 지켜보다가 "면회 끝났습니다"라는 간호사의 말에 병실을 나와야 했다. 그날 아버님께 드리지 못한 말, 이제야 전해본다.

 "아버님, 당신의 삶은 소박하고 아름다웠습니다. 이 땅에서 당신의 삶은 끝났지만 제게 보여주신 삶에 대한 성실함과 사랑만은 고이 간직하여 또 다른 이의 가슴에 가 닿도록 하겠습니다. 고맙습니다."

모든 일에는 끝이 있다고 생각해.

너의 첫 번째 실패작은,
엄청나게 빛나는 성공작이었어!
『발명가 로지의 빛나는 실패작』

    어릴 적 나는 호기심은 많지만, 막상 도전하는 것은 어려워하는 겁많은 아이였다. 부모님은 나와는 달리 진취적인 성향이셨다. 내 성향을 잘 아셨던 부모님은 내가 무언가를 시작하고 결과물이 없더라도 "그럴 수 있지"라는 말로 다독여 주시고, 하고 싶은 일들이 자주 바뀌어도 늘 나의 선택을 지지해주셨다. 부모님의 지지는 매번 실패를 극복하고 계속 도전할 수 있게 하는 원동력이었다.

    학교에서 상담하다 보면 실패가 두려워서 시작을 어려워하는 학생을 많이 만난다. 어린 시절 나처럼 실패하는 것이 두려워 아예 시작하지 않으려는 경우가 많다. 부모님이 실패와 상관없이 내 선택을 지지해주셨던 것처럼, 학교가 이런 학생들에게 다양한 실패를 경험할 수 있게 해주는 곳이면 좋겠다. 그리고 실패해도 별 게 아니라는 마음을 심어주는 곳이면 좋겠다. 실패는 별것이 아니니 얼마든지 도전해도 된다는 마음을 먹도록 지지해주는 텃밭이면 좋겠다.

너의 첫 번째 실패작은,
엄청나게 빛나는 성공작이었어!

나는 이제껏 높은 곳을 바라보는 것이
세상에서 가장 멋진 일이라고 생각했어.
그런데 내가 서 있던 땅도 이렇게 멋진 곳이었어.

「커다란 느티나무」

『느리게 산다는 것의 의미』(피에르 쌍소)라는 책이 화제이던 시절이 있었다. '빨리빨리'를 입버릇처럼 외치는 우리나라에도 많이 알려진 책이다. '느리게 산다는 것'은 게으름과 일탈보다는, 세상에 접근하는 방식이다.

일과 삶의 균형이 있는 삶, 더 나은 삶을 추구한다고 다들 말하지만, 여전히 학교와 사회는 교사에게 변화하는 시대에 맞춰 재빨리 적응해야 살아남을 수 있다고 말한다. 시대의 변화에 잘 적응하는 것만이 교사의 경쟁력을 나타내는 것일까? 일도 잘하고, 수업도 잘하고, 생활지도도 잘하는 슈퍼맨 교사도 좋지만, 내가 정말 원하는 교사는 천천히, 그리고 꾸준히 가는 교사이다.

내가 원하는 '더 멋진 교사'의 삶은 시대를 쫓느라 현재를 급급하게 살아가는 것이 아니라, 오히려 한 뼘 더 느긋하게 살아가고자 마음먹는 삶이다. 시대의 변화에 적응하는 데는 조금 느리더라도 현재의 아이들을 한 번 더 자세히 들여다보고, 아이들과 속도를 맞춰 함께 성장하는 교사가 되고 싶다.

나는 이제껏 높은 곳을 바라보는 것이
세상에서 가장 멋진 일이라고 생각했어.
그런데 내가 서 있던 땅도
이렇게 멋진 곳이었어.

내가 말할 때는 귀를 기울여 주세요.
내 이야기를 들으며
다른 일을 하지 않으면 좋겠어요.

『내 마음, 들어보세요』

  엄마는 늘 바쁘다. "빨리빨리", "얼른, 얼른"이라는 말과 눈빛으로 아이를 재촉한다. 출근할 때는 총총거리는 뒷모습을 보이며 "오늘도 좋은 하루"라고 인사만 전하고, 퇴근해서는 저녁 준비와 집안 정리를 하느라 아이의 눈빛을 온전히 마주할 틈이 없다.

  역시나 설거지하는 뒷모습을 보이며 아이에게 "오늘 하루 어땠니?"라고 묻는다. 아이는 엄마의 뒷모습을 보며 기다려줄 때가 많다. 그렇게 시간이 지나고 잠든 아이의 모습을 보며 엄마는 미안함과 안쓰러움, 피곤함을 쓸어내린다.

  '더 더 시간이 흐르고 이제는 아이가 엄마에게 뒷모습을 보이는 날이 많아질 수도 있겠지, 그사이 찬란한 오늘들은 사라지겠지' 하는 슬픔과 미안함이 올라올 때 나보다 더 용감한 아이가 말을 걸어준다. "엄마, 내가 말할 때는 나를 봐요. 나도 엄마를 볼게요."

  잠깐이라도 아이의 눈빛을 온전히 마주하면, 나는 아이를, 아이는 나를 온전한 존재로서 맞이하게 된다. 귀도 열리고 마음도 열리며 서로의 세계로 초대하는 오늘을 놓치지 않길 바라본다.

내가 말할 때는 귀를 기울여 주세요.
내 이야기를 들으며
다른 일을 하지 않으면 좋겠어요.

살아 있다는 건
지금 살아 있다는 건
울 수 있고, 웃을 수 있다는 것
화낼 수 있다는 거야.

「살아 있다는 건」

80이 넘으신 아빠는 온종일 놀이터만 바라보실 때가 있다. 힘없이 앉아 계시는 모습에 걱정이 앞서지만, 눈은 편안해 보인다. 하루종일 심심하지 않으시냐고 여쭈면, 놀이터에 오가는 사람들의 모습이 세상 아름다워, 지루할 틈이 없다 하신다.

아장아장 걸음마를 떼는 아이들의 힘쓰는 모습, 걸음을 힘겹게 떼다가 넘어진 아이의 울음소리, 옆에서 지켜보는 엄마의 안타까운 표정, 공을 놓치면 화를 내기도 하고 싸우기도 하면서 왁자지껄 공을 차며 땀 흘리는 아이들, 깔깔깔 웃으며 소곤소곤 이야기하는 학생들, 힘찬 발걸음으로 미소 지으며 가는 젊은이, 장바구니에 한 아름 먹거리를 담아 가는 엄마들, 산책을 나온 할머니 할아버지들, 뭐 하나 아름답지 않은 것이 없다 하신다.

울고 웃고 화내는 과정에서 내 삶은 아름답기보다는 버거움으로 다가올 때가 있다. 살아 있다는 건 아름다움이라고 전해주는 아빠의 말씀에 세상이 다시 조금은 환하게 보인다.

살아 있다는 건
지금 살아 있다는 건
울 수 있고, 웃을 수 있다는 것
화낼 수 있다는 거야.

꽃은 아주 예뻤어.
그걸 보니 어째서인지 기분이 조금은 좋아졌어.
예쁜 것을 보면 기분이 좋다는 걸 그때 처음 알았어.

『내가 예쁘다고?』

  바쁘게 살다 보면 주변에서 아름다움을 발견하기가 쉽지 않다. 하지만 아름다운 것은 불현듯 찾아온다. 꽉 막힌 도로 위에서 만난 가을 노을이, 어느 집 담벼락에 핀 채송화가 그렇게 찾아와 감탄을 선물하고 내 주변을 살피게 만든다.

  아름다움은 감동을 만들기에 감탄하게 한다. 아름다움은 순식간에 내 모든 관심을 빼앗고 마음을 움직인다. 자세히 보고 싶어 가까이 가게 만들고 좀 더 알고 싶어 계속 쳐다보게 만든다. 이렇게 아름다움은 주변을 자세히 헤아려 보게 하고 주위 모든 것에 공감하게 한다.

  예쁜 것을 보면 기분이 좋다. 봄에 핀 벚꽃이, 여름의 해바라기가, 가을바람에 이리저리 흔들리는 코스모스가, 차가운 겨울에 빨개진 아이들의 뺨이 보는 것만으로도 행복하게 한다. 세상에는 예쁜 것이 참 많다. 어쩔 수 없이 종종거리는 삶에서 예쁨은 우리를 숨 쉬게 그리고 다시 나아가게 할 힘을 줄 것이다. 예쁜 것을 자주 찾아보자.

꽃은 아주 예뻤어.
그걸 보니 어째서인지 기분이 조금은 좋아졌어.
예쁜 것을 보면 기분이 좋다는 걸 그때 처음 알았어.

090

니 안에 다 있는 거 알지?
그걸 믿고, 의심하지 말고 달리면 돼.
『엄마 말고, 이모가 해주는 이야기』

 우리는 무엇이든 다 할 수 있다. 내 안에 모든 것이 담겨 있으니 그걸 꺼내어 놓으면 된다. 모두 다 아는 이 말이 참으로 어렵게 느껴진다. 오늘도 나는 왜 엎어져 자책하고 있는가? 내가 나를 일으켜 세울 수 있으면 참 좋은데, 그렇지 못한 나를 누가 혹은 무엇이 손에 묻은 흙을 툭툭 털어내며 일어날 수 있게 해줄까?
 일이 생각만큼 잘 풀리지 않고 안 되는 일들이 꼭 내 탓인 것 같은 날이 있다. 집으로 돌아가는 길에 편의점에 들러 맥주를 사 들고 텔레비전 앞에 멍하니 앉아 있는 날. 무슨 일이냐고 물어줄 누군가 있으면 좋겠다. 네 안에 다 있으니 걱정하지 말고 달리라고 넘어져도 괜찮다고 말해주는 사람, 그런 사람이 내 옆에 있으면 좋겠다.
 거창한 위로가 아니라도 좋다. 그저 나라서 충분하다는 위로가 필요하다. 용기 내라고 할 수 있다고 너 안에 다 있으니 달리라는 그냥 그 한마디면 충분하다.

니 안에 다 있는 거 알지?
그걸 믿고, 의심하지 말고 달리면 돼.

평화란
내가 태어나길
잘했다고 하는 것.

—

『평화란 어떤 걸까?』

평화란 어떤 걸까? 사람마다 평화라고 생각하고 느끼는 것이 다르다.

어른인 나에게 평화란 전쟁 없이 사랑하는 사람들과 살아가는 것, 아침에 침대에서 편안하게 눈을 뜨는 것, 유치한 농담에도 웃어주는 친구들과 커피를 함께 마시는 것이다. 우리 반 친구들에게 물어보니 초등학생에게 평화란 친구들과 맛있는 음식을 먹고 재미있게 노는 것, 학원에 가지 않는 것이라고 한다.

청소년들이나 청년들에게 평화란 어떤 걸까? 지금의 시대를 살아가는 이들에게 평화란 죽고 싶은 생각이 들지 않고, 내가 태어나길 잘했다고 하는 것이 아닐까? 스스로를 극단적인 선택으로 몰아가지 않고, 스스로를 괜찮다고 토닥일 수 있도록 학교도, 직장도, 사회도 시스템을 잘 갖추면 좋겠다.

평화란 나도 태어나길 잘했고, 너도 태어나길 정말 잘했다고 하는 것. 그리고 평화에 대한 생각이 많이 다른 너와 내가 친구가 될 수 있는 것. 나도, 너도 매일 평화를 누릴 수 있기를 기도한다.

더 멀리라도 함께 갈 테니
무거운 짐은 잠시 내려놓고 여기서 같이 쉬어요.
『이렇게, 당신에게 가고 있어요』

고향을 떠나 타지 생활을 한 지 10년 차가 된다. 혼자 살다 보니 누군가의 도움 없이 일을 스스로 해야 할 경우가 있다. 혼자 지내는 시간이 길어질수록 처리할 일도 많다. 혼자서 일 처리하는 것이 익숙해질 무렵 타지 생활도 어느 정도 적응했다고 생각했다.

그러다 어느 날 문득 집으로 돌아가는 길이 쓸쓸했다. 인생의 길을 걸어가는데 주변에 아무도 없이 나 혼자 걸어가는 기분이었다. 깜깜한 길에 아무도 없는 그런 느낌. 혼자라는 생각이 들면서 스스로 해결해야 한다는 압박을 느끼게 되고, 책임감이 커지며 누군가에게 부탁하는 일이 어렵게 된다. 내가 맡은 일은 내가 책임을 다해야 한다는 생각이 강해졌기에 나 혼자서 모든 일을 다 처리해야겠다는 생각이 든다. 모든 일을 혼자서 하려니 막막했다.

그때 좋은 동료를 만나 그러지 않아도 된다는 것을 배운다. 함께 가는 길에 짐을 나눌 수 있는 동료를 통해 마음의 짐들을 내려놓을 수 있었다. 함께하는 동료들과 서로 짐을 나눌 수 있어 행복한 요즘이다.

더 멀리라도 함께 갈 테니
무거운 짐은 잠시 내려놓고 여기서
같이 쉬어요.

혼자라고 느껴질 때면 뒤를 돌아보렴.
우리는 언제나 여기 있을 거야.

『너에게』

    요즘 혼자 있다고 생각될 때가 자주 있다. 진짜 혼자가 되었을 때도 있지만 다른 사람들과 함께 있어도 그런 생각이 들 때가 있다.

    코로나19가 시작되던 해 나는 군중 속의 외로움을 자주 느꼈고, 점점 더 외로움에 갇히면서 혼자 있는 시간이 많아졌다. 처음에는 누군가의 시선이나 간섭에서 벗어날 수 있어 마음이 편안했지만 혼자 있는 시간이 길어질수록 외로움으로 우울의 바다에 빠지게 되었다.

    그 외로움의 굴레에서 벗어날 수 있었던 것은 내가 누군가와 함께 있다는 사실을 깨달았기 때문이다. 내가 보지 못한 곳에서 나를 사랑하고 격려해주는 존재가 있었다. 그 존재는 부모님이었고, 가족이었고, 친구였으며, 함께하는 동료들이었다. 그들이 있기에 내가 행복하게 지낼 수 있다는 사실을 혼자만의 시간에 빠지게 되며 까맣게 잊었던 것이다. 잊고 있던 사실을 떠올리며 힘들었던 마음에 위로가 되었다. 나를 사랑해주는 분들에게 감사함을 전하며, 또 다른 누군가에게 힘을 보탤 수 있는 내가 되길 바라본다.

혼자라고 느껴질 때면 뒤를 돌아보렴.
우리는 언제나 여기 있을 거야.

엄마는 나의 추억이고 나의 그리움이야.
『너는 나의 모든 계절이야』

엄마가 있는 세상과 엄마가 없는 세상은 다르다. 나이가 들어도 엄마 없는 세상은 뒷배에 힘이 들어가지 않는다. 스스로 엄마가 되어 엄마의 삶을 닮아가며 엄마의 삶을 다 이해했다고 생각했다.

어느 날 엄마가 아이가 되어 칭얼거리기 시작했다. 내 아이의 칭얼거림에 응대하느라 조금만 조금만 기다리라면서… 아이가 조금 더 크면, 이제 몇 년 안 남은 직장을 퇴임하면, 엄마에게 얼른 가겠노라고 마음속으로 약속했건만, 엄마는 날 기다려주지 않았고 이제 추억 속에서만 만날 수 있다. 문득문득 엄마와 함께했던 그 시절이 그리움으로 밀려온다. 챙겨온 엄마의 유품을 바라보며 그 옛날의 추억을 되짚으며 그리움에 코를 묻는다.

눈앞에 주어진 일 때문에 엄마를 향한 감정에 마음과 몸을 싣지 못했다. 엄마라는 자리에서 자식 잘되는 일이라며 마다하지 않으시며 견뎌냈던 수많은 궂은일! 지금 나 또한 엄마가 가셨던 길을 따라간다. 엄마가 가셨던 길이기에 믿어 의심치 않고, 내가 할 수 있는 유일한 길이기에.

엄마는 나의 추억이고 나의 그리움이야.

너 자신을 잃을 만큼 좋아하는 일에 뛰어들어.
그 안에서도 너를 찾게 될 거야.
『나의 아기오리에게』

'미쳐야 미친다.' 좋아하는 일에 미쳐서 푹 빠지면 자신이 꿈꾸고 원하는 지점에 도달하게 된다는 뜻이다. 살다가 고개 돌려 보니 멋진 삶을 사는 이들이 보인다. 자신만의 색깔로 자신의 삶을 만끽하는 그들은 한없이 행복해 보이고, 난 또 한없이 부럽다. 그들은 다른 사람과 견주지도 않고, 다른 사람에게 자신을 드러내려 애쓰지도 않으며, 자기 삶의 주인이 되어 있다.

자신을 잃어버릴 만큼 푹 빠져서 몰입하는 것은 쉽지 않다. 남들이 말하는 기준에 휘둘리며 사느라 꽤나 나이를 먹었는데도 다음에 여유로워지면 내가 하고픈 일 마음껏 하리라 자꾸자꾸 뒤로 미루어둔다. 그 좋은 날이 곧 올 것이라 믿으며 마지막 달리기를 하고 있지만, 눈은 침침하고 다리는 후들거린다. 그런 여유로운 날을 기다리지 않고 지금 당장 자신이 좋아하는 일에 뛰어든 젊은이들의 선택이 한없이 부럽다. 그래 인생은 지금, 늦었다고 생각하는 때가 가장 빠른 때라고 했던가 다시 열정적인 삶으로 뛰어들고픈 나를 응원한다.

너 자신을 잃을 만큼 좋아하는 일에
뛰어들어.
그 안에서도 너를 찾게 될 거야.

이름 없이 피어도
모두 다 꽃이야.

「모두 다 꽃이야」

책을 쓰고 강연을 다니는 친구가 있다. 빠르게 승진하여 임원이 된 동기도 있다. 자기 분야에서 이름을 빛내고 있는 친구들의 소식을 들을 때면, 나는 지금껏 무엇을 이루었나 싶어 마음이 움츠러든다. '호랑이는 죽어서 가죽을 남기고 사람은 죽어서 이름을 남긴다'는 말처럼 나도 세상에 내 이름을 남길 수 있을까. 조급함으로 마음이 안달복달한다.

장미, 튤립, 프리지어처럼 이름을 들으면 알만한 꽃도 있지만 산에, 들에, 길가에 이름 없이 핀 꽃도 있다. 이름 없이 피어도 저마다의 빛깔과 향기로 세상을 아름답게 만든다. 이름 없이 피어도 모두 귀하고 소중한 꽃이다.

그러니 이제 그만 초라해지는 마음을 버려야겠다. 다른 사람과 비교하지도 말고 누군가를 부러워하지도 말아야겠다. 비록 사람들의 눈길이 닿지 않는 한적한 곳에서 이름도 없이 피어있지만, 어깨를 쭉 펴고 가슴을 활짝 열어본다. 이름 없이 소박하더라도 나의 빛깔과 향기를 가꾸며 살아가겠다.

이름 없이 피어도
모두 다 꽃이야.

난 가녀리고 연약하지만
세상을 아름답게 이겨 냅니다.
『나, 꽃으로 태어났어』

어느 해 봄, 길을 걷다 보도블록 틈 사이에서 삐쭉 자라고 있는 괭이밥을 만난 적이 있다. 빗물도 충분히 스며들지 못할 작은 틈, 그 사이에서 억척스럽게 줄기를 뻗어 올리고 샛노란 꽃을 피워낸 모습이 안쓰럽고 대견하여 한참을 서서 바라보았다. 어떻게 포기하지 않고 이렇게 아름다운 꽃을 피워냈는지 묻고 싶었다.

어린 시절에는 억울한 것이 참 많았다. 아빠 없이 자라는 설움과 좀처럼 나아지지 않는 가정형편, 공부만 해도 모자랄 판에 새벽에 일어나 우유배달을 했던 학창 시절. 그 모든 것이 억울했다. 최선을 다했는데도 실패했을 때, 나보다 훨씬 앞선 출발선에서 여유롭게 시작한 친구들을 볼 때 마음 가득 불만이 차올랐다.

하지만 이제는 안다. 척박한 땅에 떨어진 꽃씨도 뿌리를 내리고 줄기를 뻗어 아름다운 꽃을 피울 수 있다는 것을. 억울해하고 원망한다고 하여 달라질 것은 없다. 손톱만 한 틈새에서도 아름답게 꽃을 피워낸 괭이밥처럼 나도 내게 주어진 삶을 아름답게 이겨 내리라 다짐해본다.

난 가녀리고 연약하지만
세상을 아름답게 이겨 냅니다.

엄마가 태어났습니다.
나와 함께.
『엄마 도감』

나는 두 번 태어났다. 나의 엄마로부터 한 번, 그리고 내 아이의 엄마로 다시 태어났다. 아이를 낳기만 하면 저절로 엄마가 되는 줄 알았다. 하지만 아니었다. 하나부터 열까지 새로 태어나야 한다. 처음 엄마가 되면 너무나 낯선 세상을 마주하게 된다.

일단 내 몸부터 내 것이 아니다. 아이를 위해 존재한다. 피부가 연약한 아이를 위해 좋아하는 니트도 입지 않고, 내 품을 떠나면 우는 아이 때문에 제대로 된 외출도 할 수 없다. 밤에 잠도 맘대로 자지 못한다. 아이가 잠들고 난 후에야 겨우 잠이 허락되고, 그마저도 중간에 아이가 깨면 같이 일어나야 한다. 밥도 편히 먹지 못해 서서 먹기도 하던 그 시절을 하루하루 버티며 그렇게 엄마가 되었다.

끝이 보이지 않던 힘든 시기가 지나면 서서히 알게 된다. 아이 덕분에 봄날의 햇살 같은 어린 시절을 다시 한번 살아볼 수 있다는 것을 말이다. 아이와 함께 내 어릴 적 즐겨 부르던 동요를 부르며 생각했다. 엄마로 다시 태어나길 정말 잘했다.

엄마가 태어났습니다.
나와 함께.

울지 마. 방법이 있을 거야.
『친구의 전설』

  살아온 인생 경험의 빅 데이터를 활용하는 것, 이것이 삶의 지혜이다. 요즘 계획하는 일이 잘 풀리지 않는다. 전에 비슷한 일을 진행할 때는 술술 잘 풀렸다. 하지만 이번에는 일이 자꾸 버벅대고 잘 진행되지 않아 고민이 많다. 지금이다. 직접 살아온 인생 경험 빅 데이터를 활용할 시간이다.

  40년 정도 살아온 인생 경험에 비춰보면 대부분의 고민은 최선의 시간에, 최선의 방법으로 해결이 되었다. 도무지 해결이 안 될 것 같은 고민도, 결국 생각지도 못한 방법으로 해결이 되거나, 아니면 시간이 지난 후 돌이켜보니 그 당시에는 해결되지 않는 것이 오히려 좋은 일이었다. 물론, 아무런 노력 없이 좋은 결과만 기다리면 안 된다. 할 수 있는 최선의 노력을 다한다. 그리고 결과를 기다려야 한다.

  어려운 일이 닥쳤을 때 마음을 다스리며 기다려보자. 그러면 저기 마음속 어딘가에서 방법이 쏘옥 하고 고개를 내밀 것이다

울지 마.
방법이 있을 거야.

비가 오면 오는 대로
바람 불면 부는 대로
힘들고 지치면
차 한 잔 나눠 마시고… 걸어요
「걸어요」

걷기를 시작한 것은 5년 전, 불통으로 유명한 부장님과 함께 근무하면서부터다. 공지를 전달받지 못해 급한 업무를 놓치기도 하고, 임원에게 부장 역할까지 살펴달라는 압박도 받았다. 2년 차 새내기 직장인에게는 쉽지 않은 상황인지라 답답함과 화가 쌓였고, 그 마음을 어찌하지 못해 늦은 밤 무작정 집을 나섰다. 한 걸음, 한 걸음 내딛을수록 열이 오르고 숨이 거칠어지는데, 신기하게도 소란스러운 마음은 차분히 가라앉았다. 심지어는 '그깟 거, 어찌 되겠지' 하는 묘한 용기와 긍정까지 샘솟았다.

몸과 마음이 고된 날이 있다. 몰두한 일이 생각처럼 되지 않을 때, 소중한 존재가 아플 때, 일상에서 조금씩 깎이고 소진된 보통의 어느 날. 이런 상태에서는 사소한 말과 행동에도 감정이 '펑' 하고 터지고 만다. 때로는 무엇도 할 수 없을 것 같은 무기력함에 빠지기도 한다. 그래서 힘들고 지칠 때는 문부터 연다. 그리고 밖으로 나가 걷는다. 바람을 느끼며 걷다 보면 알게 된다. '별거 아니었구나. 나 괜찮구나'라고 말이다.

비가 오면 오는 대로
바람 불면 부는 대로
힘들고 지치면
차 한 잔 나눠 마시고… 걸어요

벽이 아무리 길어도
끝나는 곳이 있기 마련이야.

「틸리와 벽」

도저히 끝나지 않을 것 같은, 혼자 힘으로는 넘을 수 없을 것 같은 장벽을 만날 때가 있다. 그러나 아무리 끝나지 않을 것 같은 벽도 반드시 끝은 있다. 삶의 길목마다 고비를 넘고 또 넘다 보면 길이 보인다. 다만, 언제까지 어디까지 계속될지 알 수 없는 지루함과 불확정성을 견디고 극복할 수 있는 인내심이 필요할 뿐이다.

벽이 끝나는 곳에 닿으려면 어떻게 해야 할까? 벽 저 너머에는 지금보다 좀 더 나은 세상이 있다는 믿음이 있어야 할 것이다. 당장 눈에 보이지 않지만 언젠가는 저 벽을 넘을 수 있다는 희망이 있어야 할 것이다. 벽 끝을 향해 포기하지 않고 끝까지 가든지, 땅속으로 깊이깊이 굴을 팔 수 있는 의지가 있어야 할 것이다.

삶의 길목마다 만나는 벽 앞에서 잠깐 멈출 수는 있지만, 포기하지 말자. 두려워 말고 용기 내어 계속 걸어가자. 아무리 벽이 높고 길다 해도 끝까지 포기하지 않고 한 걸음씩 가다 보면 어느새 그 벽 너머에 있는 자신을 보게 될 것이다. 벽 끝에서 환하게 웃는 자신을 만나게 된다.

벽이 아무리 길어도
끝나는 곳이 있기 마련이야.

너는 나의 기쁨이고 빛이야.
남들은 모르는 희망이고 포근한 밤이야.
나를 향한 빛나는 얼굴, 떨어져 있으면
그리워지는 너.
내가 너를 얼마나 사랑하는지 너는 알고 있니?
―

『사랑한다는 말』

마음의 에너지가 필요한 순간 의외의 위로를 받으면 그 순간부터 내 생각과 마음, 내 몸의 에너지가 바로 충전이 된다. 그냥 일시적인 기분과 느낌이 아니라 우리 몸은 그 에너지를 세포로 전달한다. 다른 사람의 체험에 공감하는 것도 나에게 에너지가 되어지는 것도 포함된다.

세포 하나하나가 충전된 나는 나와 만나는 사람들에게 이염을 시키게 된다. 그리고 그들은 또 다른 누군가에게 좋은 에너지를 전달하게 된다. 일부러 전달하려는 목적에 의한 행동이 아니어도 전달이 된다.

사랑한다는 말은 얼마나 아름다운 말인가. 누구에게 들었어도 행복했고 내가 누군가에게 전했을 때도 행복했다. 사랑한다는 말은 언제 가장 힘이 세질까? 가장 최근에 그 말을 한 것은 언제인가? 오래전이건 바로 직전이건 지금 다시 전해야겠다. 사랑한다는 말을 전하면 당장 행복해진다. 아끼지 말고 건네자. 모두 행복해지기 위해서 사랑한다 고백해보자.

이 책에 소개된 그림책

『가만히 들어주었어』, 코리 도어펠드 글·그림, 신혜은 옮김, 북뱅크
『가시가 없다면』, 킴 크라베일스 글, 율리 판 호버 그림, 최진영 옮김, 키즈엠
『감사해요』, 이정원 글, 임성희 그림, 걸음동무
『걸어요』, 문도연 글그림, 이야기꽃
『괜찮아, 나의 두꺼비야』, 이소영 지음, 글로연
『구름의 나날』, 알리스 브리에르아케 글, 모니카 바렌고 그림, 정림·하나 옮김, 오후의 소묘
『끝의 아름다움』, 알프레도 코렐라 글, 호르헤 곤살레스 그림, 이현경 옮김, 소원나무

『나 좀 멋져』, 정재경 글·그림, 한솔수북
『나, 꽃으로 태어났어』, 엠마 줄리아니 글·그림, 이세진 옮김, 비룡소
『나』, 조수경 글·그림, 한솔수북
『나는 너는』, 김경신 글·그림, 글로연
『나는 화성 탐사 로봇 오퍼튜니티입니다』, 이현 글, 최경식 그림, 만만한책방
『나의 가시』, 정지우 글·그림, J.PEPONI
『나의 붉은 날개』, 김민우 글·그림, 노란상상
『나의 아기오리에게』, 코비 야마다 글, 찰스 산토소 그림, 김여진 옮김, 상상의힘
『낡은 타이어의 두 번째 여행』, 자웨이 글, 주청량 그림, 나진희 옮김, 노란상상
『내 마음, 들어보세요』, 카트린 게겐 글, 레자 달반드 그림, 윤장희 옮김, 창비교육
『내 안에 나무』, 코리나 루켄 글·그림, 김세실 옮김, 나는별
『내 어깨 위 두 친구』, 이수연 글·그림, 여섯번째봄
『내가 예쁘다고?』, 황인찬 지음, 이명애 그림, 봄볕
『너는 나의 모든 계절이야』, 유혜율 글, 이수연 그림, 후즈갓마이테일

「너는 어떤 씨앗이니」, 최숙희 글·그림, 책읽는곰

「너에게」, 옥희진 글·그림, 노란상상

「너였구나」, 전미화 지음, 문학동네

「눈아이」, 안녕달 글·그림, 창비

「다다다 다른 별 학교」, 윤진현 글·그림, 천개의바람

「다른 애들이랑 똑같이 할 수가 없어」, 유아사 쇼타 글, 이시이 기요타카 그림, 김숙 옮김, 북뱅크

「당신은 빛나고 있어요」, 에런 베커 글·그림, 루시드 폴 옮김, 웅진주니어

「도망가자 Run with me」, 선우정아 글, 곽수진 그림, 언제나북스

「도시 악어」, 글라인·이화진 글, 루리 그림, 다산북스

「딸은 좋다」, 채인선 글, 김은정 그림, 한울림어린이

「때」, 지우 글·그림, 달그림

「때마침」, 이지선 글·그림, 대교북스주니어

「떡국의 마음」, 천미진 글, 강은옥 그림, 발견

「마음 수영」, 하수정 글·그림, 웅진주니어

「마음의 집」, 김희경 글, 이보나 흐미엘레프스카 그림, 창비

「마음이 퐁퐁퐁」, 김성은 글, 조미자 그림, 천개의바람

「모두 다 꽃이야」, 류형선 글, 이명애 그림, 비룡소

「바람이 멈출 때」, 샬럿 졸로토 글, 스테파노 비탈레 그림, 김경연 옮김, 풀빛

「발명가 로지의 빛나는 실패작」, 안드레아 비티 글, 데이비드 로버츠 그림, 김혜진 옮김, 천개의바람

「벚꽃 한 송이」, 이진영 글·그림, 대교북스주니어

「벽」, 정진호 글·그림, 비룡소

「별이 빛나는 밤」, 지미 리아오 지음, 한미숙 옮김, 천개의바람

「보물」, 유리 슐레비츠 글·그림, 최숙희 옮김, 시공주니어

「봄의 방정식」, 로라 퍼디 살라스 글, 미카 아처 그림, 김난령 옮김, 나무의말

「브로콜리지만 사랑받고 싶어」, 별다름·달다름 글, 서영 그림, 키다리

『비에도 지지 않고』, 미야자와 겐지 시, 야마무라 코지 그림, 엄혜숙 옮김, 그림책공작소
『빛과 먹선 이야기』, 그림과 글 석용욱, 티엠(글로벌틴미니스트리)
『빨간 벽』, 브리타 테켄트럽 글·그림, 김서정 옮김, 봄봄출판사
『빨간 장갑』, 이리야마 사토시 글·그림, 황진희 옮김, 킨더랜드
『빨리빨리라고 말하지 마세요』, 마스다 미리 글, 히라사와 잇페이 그림, 김난주 옮김, 뜨인돌어린이
『뿌리 깊은 나무들의 정원』, 피레트 라우드 쓰고 그림, 서진석 옮김, 봄볕

『사라지는 것들』, 베아트리체 알레마냐 글·그림, 김윤진 옮김, 비룡소
『사랑은』, 릴리 머레이 지음, 새라 메이콕 그림, 김지연 옮김, BARN
『사랑의 모양』, 다비드 칼리 글, 모니카 바렝고 그림, 정원정·박서영 옮김, 오후의소묘
『사랑한다는 말』, 아니카 알다무이 데니즈 글, 루시 주스 커민스 그림, 남은주 옮김, 북뱅크
『산책 Promenade』, 이정호 글·그림, 상출판사
『살아 있다는 건』, 다니카와 슌타로 시, 오카모토 요시로 그림, 권남희 옮김, 비룡소
『삶』, 신시아 라일런트 글, 브렌던 웬젤 그림, 이순영 옮김, 북극곰
『삶의 모든 색』, 리사 아이사토 글·그림, 김지은 옮김, 길벗어린이
『새벽이 오는 시간』, 이소을 글, 이성표 그림, 상상박스
『색깔의 비밀』, 차재혁 글, 최은영 그림, 논장
『세상에 필요한 건 너의 모습 그대로』, 조안나 게인즈 글, 줄리아나 스와니 그림, 김선희 옮김, 템북
『수수바의 여름 마당에서』, 조미자 그림책, 핑거
『스파크』, 아니 카스티요 글·그림, 박소연 옮김, 달리
『슬픔이 찾아와도 괜찮아』, 에바 엘란트 글·그림, 서남희 옮김, 현암주니어
『시간은 꽃이야』, 줄리 모스태드 글·그림, 김보람 옮김, 불의여우
『시를 읽는다』, 박완서 글, 이성표 그림, 작가정신
『심장 소리』, 정진호 글·그림, 위즈덤하우스
『싸움에 관한 위대한 책』, 다비드 칼리 글, 세르주 블로크 그림, 정혜경 옮김, 문학동네

『아툭』, 미샤 다미안 글, 요첼 빌콘 그림, 최권행 옮김, 한마당

『안녕 나의 엄마』, 박선아 글, 김재환 그림, 달빛북스

『알사탕』, 백희나 그림책, 책읽는곰

『어떤 용기』, 박세경 글·그림, 달그림

『엄마 도감』, 권정민 글·그림, 웅진주니어

『엄마 말고, 이모가 해주는 이야기』, 소복이 지음, 고래가그랬어

『엄마의 품』, 박철 시, 김재홍 그림, 바우솔

『여름맛』, 천미진 글, 신진호 그림, 키즈엠

『오늘은 오늘의 플리에부터』, 김윤이 지음, 한울림어린이

『오리건의 여행』, 라스칼 글, 루이 조스 그림, 곽노경 옮김, 미래아이

『우리가 케이크를 먹는 방법』, 김효은 글·그림, 문학동네

『우리는 벚꽃이야』, 천미진 글, 신진호 그림, 다림

『웃음은 힘이 세다』, 허은미 글, 윤미숙 그림, 한울림어린이

『위대한 깨달음』, 토모스 로버츠 글, 노모코 그림, 이현아 옮김, 키다리

『은행나무』, 김선남 그림책, 천개의바람

『이 색 다 바나나』, 제이슨 폴포드 글, 카마라 숩신 그림, 신혜은 옮김, 봄볕

『이렇게, 당신에게 가고 있어요』, 신혜진 지음, 필무렵

『인생이라는 이름의 영화관』, 지미 글·그림, 문현선 옮김, 대교북스주니어

『자코미누스』, 레베카 도트르메르 지음, 이경혜 옮김, 다섯수레

『작은 눈덩이의 꿈』, 이재경 글·그림, 시공주니어

『작은 당부』, 제인 고드윈 글, 안나 워커 그림, 신수진 옮김, 모래알(키다리)

『잘 가』, 고정순 글·그림, 웅진주니어

『장벽』, 잔카를로 마크리·카롤리나 차노티 지음, 마우로 사코·엘리사 발라리노 그림, 내인생의책

『좋은 순간에...』, 제랄딘 알리뷔 글·그림, 이재훈 옮김, 브와포레

『중요한 문제』, 조원희 글·그림, 이야기꽃

『지구에 온 너에게』, 소피 블랙올 글 그림, 전하성 옮김, 비룡소

『지금이 딱 좋아』, 하수정 글·그림, 웅진주니어

『지혜로운 멧돼지가 되기 위한 지침서』, 권정민 지음, 보림

『채식하는 호랑이 바라』, 김국희 글, 이윤백 그림, 낮은산
『친구의 전설』, 이지은 글·그림, 웅진주니어

『커다란 나무 같은 사람』, 이세 히데코 지음, 고향옥 옮김, 청어람미디어
『커다란 느티나무』, 하야시 기린 글, 히로노 다카노 그림, 이영미 옮김, 나무생각
『컬러 몬스터』, 아나 예나스 글·그림, 김유경 옮김, 청어람아이
『코끼리에게 필요한 것은?』, 나딘 로베르 글, 발레리오 비달리 그림, 지연리 옮김, 달리
『쿠키 한 입의 인생 수업』, 에이미 크루즈 로젠탈 글, 제인 다이어 그림, 김지선 옮김, 책읽는곰

『토요일의 기차』, 제르마노 쥘로·알베르틴 지음, 이주희 옮김, 문학동네
『틸리와 벽』, 레오 리오니 글·그림, 김난령 옮김, 시공주니어

『평화란 어떤 걸까?』, 하마다 게이코 글·그림, 박종진 옮김, 사계절

『100 인생 그림책』, 하이케 팔러 글, 발레리오 비달리 그림, 김서정 옮김, 사계절
『70%의 비밀』, 이민희 글·그림, 천개의바람

마음이 머무는 그림책 한 문장

초판 1쇄 발행 2022년 12월 20일
초판 2쇄 발행 2024년 4월   1일

지은이 / 그림책사랑교사모임

발행 / 케렌시아
인쇄 / (주)다해씨앤피
일원화 구입처 / 031-407-6368 (주)태양서적
등록 / 2021년 11월 18일 (제386-2021-000096호)
이메일 / niceheo76@gmail.com

ISBN 979-11-976811-5-8   (03810)

값은 표지에 있습니다.
저작권법에 따라 한국 내에서 보호를 받는 제작물이므로 무단 전재 및 복제를 금합니다.

마음으로 쓰는
그림책 한 문장

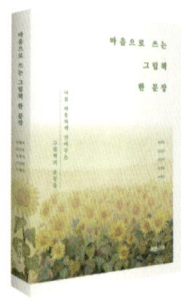

권현숙, 김준호, 김창덕, 인경화, 조형옥 지음

흔들리는 삶에 균형이 필요할 때 그림책이 준 선물 같은 문장들

그림책을 읽다 보면 유난히 기억에 남는 그림이나 문장이 있다. 때로는 가슴을 시큰거리게 만들기도 하고, 울컥하게 하기도 하고, 눈시울을 뜨겁게 하기도 한다. 그림책 한 권이 내면 깊숙한 곳에 가라앉아 있던 과거를 흔들어 깨우기도 한다. 잘못하고 있는 일에는 따끔한 충고를, 잘 하고 있는 일에는 무한한 칭찬을 준다. 그동안 잘 살았다며 따뜻하게 안아주기도 한다. 그렇게 다가온 100개의 문장을 실었다. 문장을 읽고 직접 써보는 것만으로도 공감과 위로를 느낄 수 있다.